ars vivendi

Fundort Geschichte Franken

Ausflüge in die Vergangenheit

Band 2

Herausgegeben von Horst M. Auer

Ein ars vivendi Freizeitführer

Bei der Realisierung dieses Führers ließen wir größte Sorgfalt walten. Falls dennoch Fakten falsch oder inzwischen überholt sein sollten, bedauern wir dies, können aber in keinem Fall eine Haftung übernehmen.

Die 55 Artikel erschienen in den *Nürnberger Nachrichten*. Sie wurden für diese Ausgabe überarbeitet. Der Abdruck erfolgt mit freundlicher Genehmigung der *Nürnberger Nachrichten* und der Autoren.

Erste Auflage Mai 2015

www.arsvivendi.com

Umschlagfotografie: U1 © Martina Berg/Fotolia.com; U4 © Andreas Riedel
Karte: Ingenieurbüro Dieter Ohnmacht, Frittlingen
Lithografie: Reprostudio Harald Schmidt, Nürnberg
Satz: Christine Richert, www.typoholica.de und ars vivendi
Druck: Appel & Klinger, Druck und Medien GmbH, Schneckenlohe

Printed in Germany

ISBN 978-3-86913-492-5

Inhalt

Vorwort

»Derham is derham« und »woanders is aa ned anders« heißt eine beliebte Lebensweisheit des Franken, und irgendwie hat er ja recht: Er kann schon ein wenig stolz sein auf eine reizvolle Landschaft, auf mittelalterliche Stadtkerne, romantische Burgen und barocke Schlösser.

Auch neben den vielen hochrangigen Kunstschätzen und Kulturgütern gibt es noch allerhand zu entdecken und zu bestaunen, eröffnen sich genug Geschichten hinter der Geschichte: wundersame Ereignisse, von denen kaum noch jemand weiß; Sagen und Legenden, die mehr als ein Körnchen Wahrheit enthalten; Gedenksteine, über die Heimatbücher keine Auskunft geben; historische Schauplätze, über die kuriose Dinge erzählt werden; Baudenkmäler, denen sich völlig neue Seiten abgewinnen lassen. Alles in allem kleine Farbtupfer einer bunten Kulturlandschaft.

Wie schon Band 1 lenkt auch *Fundort Geschichte 2* den Blick auf die scheinbaren Nebensächlichkeiten einer bewegten Vergangenheit, auf originelle oder gar skurrile Begebenheiten, die in keinem Reiseführer zu finden sind. Brauchtum und Tradition, Erzählungen und Chroniken liefern reichlich Stoff für Entdeckungsreisen durch Land und Zeit.

Mit praktischen Tipps und nützlichen Hinweisen will dieses Buch zu eigenen Streifzügen ermuntern. Geschichte – das ist die Erfahrung, die der Leser oder die Leserin machen wird – Geschichte also kann nicht nur lehrreich, sondern auch spannend und amüsant sein. Manchmal kann sie sogar Verblüffung hervorrufen. Ist das Aha-Erlebnis groß genug, entfährt dem Franken gerne ein »allmächd«. So wie (hoffentlich) bei der Lektüre dieses Buches.

Natürlich ist auch nichts dagegen einzuwenden, wenn die *Fundort Geschichte*-Reihe als Kontrast zum allseits grassierenden Globalisierungsfieber ein wenig das Bewusstsein für die Vorzüge und Besonderheiten der heimatlichen Region stärkt. Wer im Buch wohltuende Anregungen für manch erfüllten Sonntag jenseits der Event- und Spaßgesellschaft sucht, liegt ebenfalls richtig.

Horst M. Auer

1 Schimmer der Heiterkeit
Das Grabdenkmal der »Stecknadelbraut« in Bayreuth

Kein Grabdenkmal rührt die Bayreuther seit Jahrhunderten so wie das der »Stecknadelbraut« auf dem historischen Stadtfriedhof. Ursprünglich stand dieses einmalige Kunstwerk an der Friedhofsmauer gegenüber der Gottesackerkirche, von ungezählten Friedhofsbesucherinnen liebevoll mit Blumen geschmückt. Vor einiger Zeit wurde es an einem unauffälligen Ort in der Aussegnungshalle ausgestellt, bis man einen würdigen Platz ohne Witterungsrisiken in der Friedhofskapelle fand.

Die Geschichte, die sich um diesen Stein rankt, ist so herzzerreißend traurig, dass Hedwig Courths-Mahler sie nicht besser hätte erfinden können. Beeindruckend ist jedoch nicht nur das tragische Schicksal der Verstorbenen, sondern auch das Grabdenkmal: Es ist von überragender künstlerischer Qualität und stammt aus der Werkstatt des berühmten Bayreuther Barock-Bildhauers Elias Räntz (1649–1732). Darüber hinaus ist es ein Ausdruck tief verwurzelter Volksfrömmigkeit.

Zu sehen ist auf dem 1,67 Meter hohen Stein die fast lebensgroße Figur der Jungfer Margaretha Katharina Schlenck, einer hübschen Bayreuther Rotgerbertochter. Der 25. Juni 1721 sollte eigentlich der schönste Tag in ihrem jungen Leben werden – und wurde der schrecklichste. Beim Anlegen der Brautkleidung und des Brautschmuckes verschluckte sie der Überlieferung zufolge eine Stecknadel und starb daraufhin im blühenden Alter von »19 Jahr weniger vier Wochen und zwei Tag«, wie uns die Inschrift verrät. Die Mutter, Anna Elisabeth Schlenck, ließ ihrer einzigen Tochter »zu letzten Ehren und Andenken« dieses Denkmal setzen.

Das Drama ist künstlerisch subtil auf dem Grabstein angedeutet: Mit dem ausgestreckten Zeigefinger der rechten Hand, die an ihrem verschnürten Mieder anliegt und ein Sträußchen hält, deutet die Maid auf die Magengegend hin. »Aber warum soll es nicht so gewesen sein?«, fragen Denkmalpfleger und Kunsthistoriker. Sie sehen in der »Stecknadelbraut« ein exquisites Stück fränkischer Bildhauerkunst.

Der Kunst- und Reiseschriftsteller Wilhelm Hausenstein schrieb 1930 nach dem Besuch »eines der merkwürdigsten Friedhöfe Deutsch-

Der Zeigefinger in Richtung Magen deutet das Drama an.

lands« über das Kunstwerk: »Es ist ein Grabstein des 18. Jahrhunderts, das nicht nur galant war, sondern in den Gründen des Zeitalters auch fromm, streng, gottselig, zerknirscht schwärmerischer Andacht zum Jenseits hingegeben.« Nach Hausensteins Empfinden falle ein »zarter

Strahl der Heiterkeit« auf dieses Grabmal, weil Leben und Tod so natürlich miteinander verbunden seien und als versöhnte Seiten des Menschen erscheinen. »Da ist auch der Tod nicht lauter Ernst und Trauer, sondern dazu ein Element der Harmonie. Daran also liegt es, dass dieser Grabstein einen Abendhauch oder Morgenglanz der Heiterkeit in sich trägt ...«

Bernd Mayer

INFOS

Der 1545 angelegte Bayreuther Stadtfriedhof liegt an der Erlanger Straße 44. Öffnungszeiten sind während der Sommerzeit 7 bis 20 Uhr, während der Winterzeit 8 bis 17 Uhr. Der Komponist Franz Liszt und der Schriftsteller Jean Paul sind hier begraben. Auch der 2011 verstorbene Autor des Beitrags über die »Stecknadelbraut«, der Lokaljournalist, Heimatforscher und Kommunalpolitiker Bernd Mayer, hat auf dem Stadtfriedhof seine letzte Ruhestätte gefunden.

2 Eine Wurst erobert die Welt

Der Gedenkstein für Johann Georg Lahner in Gasseldorf

Wen es bei einer Wanderung durch die Fränkische Schweiz nach Gasseldorf bei Ebermannstadt verschlägt, dem wird der Felsblock mit der Bronzetafel im Ortszentrum vermutlich kaum auffallen. Auch vielen Leuten aus der näheren Umgebung ist unbekannt, welche Berühmtheit in der 500-Seelen-Gemeinde 1774 das Licht der Welt erblickt hat: Das Denkmal erinnert an Johann Georg Lahner, den Schöpfer der weltbekannten »Wiener Würstchen«.

Überall sind die »Wienerle« heutzutage ein Begriff, nur im Ursprungsland heißen sie »Frankfurter«. Dabei haben die »Frankfurter« in Österreich mit dem Namenszwilling in der deutschen Mainmetropole so gut wie nichts gemein. »Diese Tatsache wird von vielen Leuten ignoriert«, sagt der Gasseldorfer Simon Weidinger, ein entfernter Verwandter des Würstchen-Erfinders. Auf seine Initiative ging 1997 die Aufstellung der Bronzetafel für den berühmten Metzger zurück.

Der Pensionist verfügt sogar über das Original-Rezept der Spezialität. Die Würstchen sind ein bunter Mix aus magerem Schweinefleisch, kernigem Speck und Jungbullenfleisch. Gewürze sorgen für die unverkennbare Note. Genauer steht es im Rezept, das Weidinger vor Jahrzehnten von seiner 1967 ausgestorbenen Wiener Verwandtschaft erhalten hat.

Lahner war in Gasseldorf aufgewachsen und als Sohn armer Jurabauern bald gezwungen, Geld zu verdienen. Die Eltern schickten ihr »Hansgörchla« nach Frankfurt am Main, wo es das Metzgerhandwerk erlernte. Nach einigen Jahren der Wanderschaft verschlug es den inzwischen 32-Jährigen 1804 nach Wien. Es heißt, dass eine »wohltätige adelige Dame« dem jungen Mann 300 Gulden geliehen hat. Mit diesem Geld konnte der Gasseldorfer in der Neustiftsgasse in Wien seine Selcherei eröffnen.

Als Lahner 1805 die ersten »Frankfurter« nach eigenem Rezept herstellte, erfreute sich die Neuheit rasch größter Beliebtheit. Ob in vornehmen Adelspalästen oder in Bürgerhäusern – überall wurde die Delikatesse serviert. Sogar Österreichs Kaiser Franz II. goutierte die »Wiener Frankfurter« täglich mit einem frisch gezapften Bier zum zweiten Frühstück. Der Name Lahner war in Wien bald so bekannt wie der Goethes in Weimar.

Eine Bronzeplatte erläutert Lebensdaten und Verdienste Lahners.

1808 heiratete der angesehene Selchermeister die 26-jährige Wienerin Anna Maria Resler und brachte es an der Donau zu einer eigenen Fleischwarenfabrik. Drei Jahre vor seinem Tod erhielt Lahner 1842 das Wiener Bürgerrecht. Die Wiener Wurstfabrikation blieb noch bis zum Tod des letzten Nachkommens Leopold Lahner im Jahr 1958 erhalten.

Obwohl Lahner bis zu seinem Tod 1845 seinen Geburtsort nie wieder besucht hat, sind die Gasseldorfer noch immer stolz auf ihren berühmten Metzger. Und wahrscheinlich wäre die Fränkische Schweiz international noch bekannter, hätte Lahner seine Würste »Gasseldorfer« getauft.

Stefan Holler

INFOS

Der Lahner-Gedenkstein befindet sich an der Straße in der Ortsmitte von Gasseldorf, schräg gegenüber dem Gasthaus. Kuriosität am Rande: Auf der Gedenktafel stand zunächst das falsche Geburtsdatum. Zu lesen war auf der Bronzeplatte irrtümlicherweise der Geburtstag von Lahners älterem Bruder. Der Würstchen-Erfinder aber wurde zwei Jahre später geboren, am 5. Oktober 1774. In Gasseldorf wird gerne erzählt, dass sich die »Wienerle« in Amerika besonderer Beliebtheit erfreuten. Dort seien sie erstmals bei der Weltausstellung 1893 in Chicago vorgestellt worden. Ein Verwandter aus der Lahner-Dynastie soll die Wurst in eine Semmel gezwickt und als »Hot Dog« angeboten haben – fertig war die amerikanische Leibspeise. Ausflugstipp: Keine drei Kilometer sind es von Gasseldorf nach Streitberg mit Binghöhle, Ruine Neideck und einem schönen Freibad.

3 Dank in Wachs
Die Votivfiguren des Wallfahrtsmuseums in Gößweinstein

Da steht er, der kleine Junge, in seinem Holzschrein, indirekt beleuchtet und im schwarzen Samtanzug mit großem Spitzenkragen. In seiner Festtagskleidung sieht er aus wie der kleine Lord. Die Ähnlichkeit mit der Figur aus dem Roman von Frances Hodgson Burnett ist kein Zufall. 1886 war das Kinderbuch erschienen; es wurde im Nu zum Bestseller, in viele Sprachen übersetzt und im Laufe der Zeit mehrfach verfilmt. Die anrührende Geschichte färbte bis nach Gößweinstein ab.

In der Votivkammer des Wallfahrtsmuseums sind insgesamt sieben Puppen ausgestellt, die exakt der Romanfigur folgen. Weshalb die kleinen Lords in Wachs dort stehen, ist nicht in jedem Einzelfall bekannt.

Wickelkinder aus Wachs, Jugendliche aus Wachs, Erwachsene aus Wachs, einzelne Körperteile aus Wachs: Das Museum neben der Basilika hütet einen Schatz, der in der Region einzigartig ist. Mehr als 100 lebensgroße Figuren umfasst die Sammlung. Es sind außergewöhnliche Zeugnisse der Volksfrömmigkeit, stille Insignien eines dankbaren Glaubens und Kennzeichen innigster Hoffnung. Die seltsam anmutende Spielart des Votivbrauchtums war von der zweiten Hälfte des 19. Jahrhunderts bis Mitte des 20. Jahrhunderts besonders verbreitet.

Gößweinstein ist der bedeutendste Wallfahrtsort zur Heiligsten Dreifaltigkeit in Deutschland. Die Gläubigen pilgern zum Gnadenbild im Hochaltar der Basilika, die der Fürstbischof Friedrich Carl von Schönborn 1730 bis 1739 nach Plänen des berühmten Barockbaumeisters Balthasar Neumann errichten ließ. Zum »Heiligen Bezirk« im Umfeld des Gotteshauses gehört das ehemalige Mesner- und Schulhaus aus dem 18. Jahrhundert. In das Gebäude ist 2008 das Wallfahrtsmuseum eingezogen.

Krönung des modernen Museums sind die Votivmenschen aus Wachs. Sie verkörpern Danksagung und Bittgesuche an die Heiligste Dreifaltigkeit. Gestiftet haben sie beispielsweise die Eltern von Kindern, die nach einem schweren Unfall aus dem Koma erwacht oder von einem tückischen Augenleiden genesen sind.

Andreas und Katharina Wagner erinnerten 1952 mit einer lebensecht wirkenden Wachsfigur an ihre Tochter, die fünf Jahre zuvor kurz nach

Der Dank für ein erhörtes Gebet sind diese Votivgaben aus Wachs.

ihrer Hochzeit im blühenden Alter von 24 Jahren unverhofft verstorben war. Nach einem Foto ließ man das Gesicht der jungen Frau aus Hausen bei Forchheim in Wachs modellieren. Tracht und Brautkrone der Figur hinter Glas hatte die 24-Jährige bei ihrer Hochzeit getragen.

Die Wachsmenschen erzählen Geschichten voller Tragik, aber auch von Freude und Glück. In einem Video schildert Heinrich Plank, wie er 1950 als Zweijähriger von einem Hund gebissen wurde und ihn die Ärzte im Krankenhaus mit den Symptomen eines Gasbrandes bereits für klinisch tot erklärten. Nur noch beten helfe, hieß es. Die Großmutter sei jeden Tag auf den Knien um die Basilika herumgerutscht. Quarkwickel und göttlicher Beistand schafften schließlich das Wunder, die Infektion zu besiegen. 1952 stiftete die Familie eine der letzten Wachsfiguren. Angefertigt hat sie ein Bamberger Puppenhersteller für 150 Mark, erzählt Plank. »Das war viel Geld in jener Zeit«.

Eine andere Mädchenfigur trägt ein weißes Kleid und eine Echthaarperücke. Diese wohl älteste Votivpuppe hat eine abenteuerliche Geschichte hinter sich: »Die Betende« galt als verschollen, ist aber dann unvermutet im Kirchturm hinter dem alten Uhrwerk entdeckt worden. Nun steht sie in ihrem Glaskasten und hat als einzige Wachsfigur im Museum die Hände zum Gebet gefaltet.

Horst M. Auer

INFOS

Das Wallfahrtsmuseum Gößweinstein ist in der Hauptsaison von Ostersonntag bis 1. November dienstags bis sonntags von 10 bis 17 Uhr geöffnet, im Winterhalbjahr nur samstags und sonntags von 10 bis 17 Uhr. Führungen werden von Mai bis Oktober jeweils donnerstags um 10.30 Uhr sowie ganzjährig nach Vereinbarung angeboten. Nähere Auskünfte unter Tel. 0 92 42/74 17 66 (Büro) oder 0 92 42/74 04 25 (Laden & Museum). Die Basilika ist der zweitgrößte Wallfahrtsort im Erzbistum Bamberg und religiöses Zentrum der Fränkischen Schweiz. Herzstück ist der Hochaltar mit dem Gnadenbild, das die Krönung Mariens darstellt. Zu empfehlen ist auch ein Besuch in der Burg Gößweinstein, die einen traumhaften Ausblick auf die Marktgemeinde und das Wiesenttal bietet. Eine Besichtigung ist von Ostern bis Ende Oktober täglich von 10 bis 18 Uhr möglich.

4 Bange Wochen auf der Burg
Das Elisabeth-Zimmer auf Burg Pottenstein

Ein Bett und ein Schrank, dazu eine Truhe und eine Kniebank – auf den ersten Blick wirkt der Raum im Wohnturm aus dem 11. Jahrhundert recht unscheinbar. Erst der handgewebte Teppich an der Wand liefert einen Hinweis auf die Besonderheit des Gemachs im ältesten Teil von Burg Pottenstein: Auf dem Textilbehang ist das sogenannte Rosenwunder der Elisabeth von Thüringen dargestellt.

Es ist ein Gedenkzimmer zu Ehren der legendären Landgräfin, erläutert Margit Freifrau von Wintzingerode, Burgherrin und Religionswissenschaftlerin. Den Anstoß für den Elisabeth-Kult hatten um 1965 wiederholte Nachfragen von Besuchern der mittelalterlichen Wehranlage gegeben. Dabei ist gar nicht sicher, ob die Frau, die ihr Leben der Armen- und Krankenfürsorge gewidmet hat und dafür heilig gesprochen worden ist, tatsächlich im Frühjahr 1228 in Begleitung von zwei Kammerfrauen für einige Wochen auf der Burg in der Fränkischen Schweiz weilte.

»Es gibt keine Originalquelle, die zuverlässig ihren Aufenthalt in Pottenstein belegt«, räumt Frau von Wintzingerode freimütig ein, verweist aber auf die Lebensbeschreibungen der beiden Begleiterinnen der Landgräfin, die Hinweise liefern. Und dann ist da noch Elisabeths Onkel Ekbert, Bischof im nahen Bamberg. Er soll die gerade 21-jährige Nichte auf seiner Burg festgehalten haben, weil er erreichen wollte, dass sie sich nach dem Tod ihres Mannes entgegen einem Gelübde wieder vermählte. In einer anderen Version der geschichtlichen Überlieferung ist die Rede davon, dass die junge Witwe in ihrer Trauer und Verzweiflung aus eigenem Antrieb in Pottenstein Zuflucht gesucht habe.

Die ungarische Prinzessin Elisabeth war – ganz in der Tradition der damals üblichen Heiratspolitik – schon frühzeitig zur Verehelichung mit dem künftigen Thronfolger der Landgrafschaft Thüringen bestimmt worden. Bereits mit vier Jahren kam sie 1211 nach Eisenach auf die Wartburg und verbrachte dort ihre Kindheit. Als der alte Landgraf starb, übernahm sein 17-jähriger Sohn Ludwig die Regierung. Vier Jahre später heiratete er die gerade 14-jährige Elisabeth.

Das Glück schien vollkommen. Doch am Hof wuchs die Kritik daran, dass sich die Landesfürstin aufopferungsvoll um Kranke und

Elisabeth soll sich einige Zeit in diesem Zimmer auf Burg Pottenstein aufgehalten haben.

Krüppel kümmerte. »Mit ihrer Fürsorge hat sie sich über starre gesellschaftliche Schranken hinweggesetzt«, sagt Frau von Wintzingerode über die konsequente Lebensweise der jungen Frau. Oft erntete Elisabeth Hohn und Spott, wenn sie, ärmlich gekleidet, den steilen Weg von der Wartburg zum Siechenhaus hinabstieg, um Aussätzige und Behinderte zu betreuen.

Einmal begegnete ihr Ludwig, als sie zu den Hilfsbedürftigen unterwegs war. Dieser fragte seine Gemahlin, was sie denn im Korb trage, weil er darin allerlei Gaben für die Armen vermutete. »Rosen«, antwortete Elisabeth und schlug den Deckel zurück. Es waren wirklich Rosen – wenn man der Legende glauben darf.

1227 folgte der Landgraf dem Ruf von Papst und Kaiser zum Kreuzzug. Aber bereits in Süditalien raffte Ludwig eine Seuche dahin. Nach seinem Tod hatte die Landesfürstin am Hofe einen noch schwereren Stand. Anfeindungen und Streitereien häuften sich. Elisabeth reiste – wenn es denn stimmt – nach Pottenstein. Hier soll sie im Frühjahr 1228 bange Wochen verbracht haben. Anschließend begleitete sie den Trauerzug mit dem Leichnam ihres Mannes nach Thüringen. Im November 1231 starb Elisabeth im Alter von nur 24 Jahren. Nur vier Jahre nach ihrem Tod wurde die Landgräfin heiliggesprochen.

In Pottenstein erinnert nicht nur das Gedenkzimmer auf der Burg an die mildtätige Frau. Auf dem Marktplatz steht der Elisabeth-Brunnen und am Ortsausgang am Straßenrand eine weitere Statue der Heiligen.

Und in der Friedhofskirche hängt ein Altarbild, das einen direkten Bezug zum Felsenstädtchen herstellt: Es zeigt Elisabeth, wie sie auf dem Marktplatz von Pottenstein milde Gaben verteilt.

Horst M. Auer

INFOS

Seit dem Gedenkjahr 2007 ist die Ausstellung »Krone, Brot und Rosen. 800 Jahre Elisabeth von Thüringen (1207–2007)« mit 32 Schautafeln in der Zehntscheune der tausendjährigen Burg zu sehen. Burg Pottenstein in der Fränkischen Schweiz ist vom 1. Mai bis zum letzten Sonntag im Oktober Dienstag bis Sonntag von 10 bis 17 Uhr geöffnet. Sonderführungen durch den Burgherren und Besichtigungen für größere Gruppen auch außerhalb der regulären Öffnungszeiten können telefonisch unter Tel. 0 92 43/72 21 oder 0 92 43/73 31 vereinbart werden. Informationen auch unter www.burgpottenstein.de. Im Pottensteiner Ortsteil Tüchersfeld ist das Fränkische Schweiz-Museum sehenswert. Beliebt als Ausflugsziel ist auch die größte Tropfsteinhöhle der Frankenalb, die Teufelshöhle.

5 Wacht überm Dorf
Der Kanonier von Weidlwang

Ein Kanonier samt Geschütz ist das weithin sichtbare Wahrzeichen von Weidlwang. Seit mittlerweile 350 Jahren nimmt die Figur ihren Platz auf dem markanten Felsen zwischen Pegnitz und Auerbach ein. Ein Dorfbewohner stellte damals den »hülzernen Soldaten« zum Schutz vor brandschatzenden Schweden auf.

Geschichtlicher Hintergrund des Denkmals ist der Dreißigjährige Krieg. In dessen Verlauf schleppte ein verwundeter Soldat ein Brunnenrohr und ein Pfluggestell auf den Felsen, um die Weidlwanger mit dieser »Kanone« vor den Kriegshorden zu bewahren, die plündernd durch die Gegend zogen. Die beabsichtigte Täuschung gelang, die Schweden rückten ab, die Ortschaft blieb verschont.

Zur Erinnerung an diesen Streich schafften die Einheimischen einen überlebensgroßen hölzernen Kanonier und eine Kanone auf die hohe Warte. Beide jagten noch einmal Feinden Angst ein: 1866, als die Preußen Pegnitz belagerten. Dorfkinder, so heißt es, belauschten die Soldaten und hörten, was besprochen wurde. Eine Patrouille meldete wegen des vermeintlichen Kanoniers eine Artilleriestellung in Weidlwang. Der Kommandeur sandte daher einen Spähtrupp aus. Da trat ein kecker Bursche vor und sagte schelmisch, mit der Hand zum »Kanonier« zeigend: »Des is a Hülzerner!« Doch der Major glaubte den Worten des Buben nicht und gab sich erst zufrieden, als seine Soldaten feststellten, dass es sich nicht um einen Menschen aus Fleisch und Blut handelte.

Jener wackere »Hülzerne« steht heute freilich nicht mehr auf dem Ausguck. Im Laufe der Zeit war immer wieder ein Neuanstrich oder sogar Ersatz gefragt. Der heutige Soldat ist der achte seiner Art, sein Vorgänger stand seit 1961 in luftiger Höhe. Im Sommer 2002 durfte der altgediente Geselle seinen Ruhestand antreten. Sein Nachfolger wurde im Rahmen eines Dorffestes per Hubschrauber auf den Felsen gehievt.

Ausgestattet ist auch der neue Dorfwächter mit einem Raupenhelm und einem Wams, das sich an einer bayerischen Infanterieuniform von 1866 orientiert. Ein Förster hat das Wahrzeichen mit einer Motorsäge aus einer Eiche geschnitzt. Der Kanonier ist über drei Meter hoch und

Die Figur sollte einst marodierende Kriegshorden abschrecken.

rund 800 Kilogramm schwer. Damit er nicht vom Felsen in die Tiefe stürzt, sind Kanone und Soldat über eine Stahlplatte mit dem Berg verbunden.

Für die Wachablösung sorgt der 1913 gegründete Kanonierverein, der in seinen Anfangsjahren nur Burschen und Männer »unbescholtenen Charakters« in seinen Reihen aufgenommen hatte. Längst sind aber auch weibliche Mitglieder gerne gesehen – fast jedes Weidlwanger Haus stellt ein Vereinsmitglied. Dank EU-Fördergeldern und vielen freiwilligen Arbeitsstunden ist es dem Verein regelmäßig gelungen, den Kanonierfelsen von übermäßigem Bewuchs zu befreien und ihn wieder richtig zur Geltung zu bringen.

Peter Ehler

INFOS

Der Kanonier thront weithin sichtbar auf einem Felsen in Weidlwang zwischen Pegnitz und Auerbach, an der Grenze des Regierungsbezirks Oberfranken zur Oberpfalz. Ein Ausflug nach Auerbach lohnt, hier ist die Pestsäule zu besichtigen (Fundort 6).

6 Der schwarze Tod
Die Pestsäule in Auerbach

In nächster Nähe des Stadtweihers von Auerbach im Landkreis Amberg-Sulzbach steht eine Steinsäule. Fremde bleiben manchmal stehen und betrachten dieses uralte Zeugnis der Volksfrömmigkeit. Viele Einheimische dagegen gehen meist achtlos daran vorbei.

Doch in der Nachkriegszeit war das anders. Damals erzählten am Gründonnerstag viele Eltern ihren Kindern eine seltsame Geschichte: »Wenn du morgen genau beim Zwölf-Uhr-Läuten vor der Pestsäule stehst, dann kannst du sehen, wie sie sich einmal um sich selbst dreht.« Ein älterer Auerbacher erinnert sich: »Und da standen wir und warteten gespannt. Aber es tat sich natürlich nichts. Bis plötzlich die Größeren zu lachen anfingen und spotteten: ›Da könnt ihr aber lange warten! Heut' ist Karfreitag, da läuten keine Glocken!‹«

Welche Bedeutung hat nun dieser Bildstock? Nach der schwersten Pestepidemie der Geschichte von 1348 bis 1352 wütete die Pest in jedem Jahrhundert mehrfach in den verschiedensten Ländern Europas, so auch in Deutschland. Wegen der todbringenden schwarzen Beulen bezeichnete man diese Krankheit auch als den »Schwarzen Tod«. Die Mediziner nannten sie »Contagion«. Bei jeder Pestepidemie starben Tausende von Menschen.

Die ärztliche Kunst jener Zeit war völlig machtlos dagegen. Ihren mörderischen Höhepunkt erreichte die Seuche in Deutschland und so auch in der Oberpfalz von Juli bis Oktober 1634. Der Auerbacher Chronist Neubig schreibt: »Die Leichen konnten wegen der zu großen Sterblichkeit in den Kirchhöfen nicht einmal mehr Platz finden, sondern viele begrub man ohne Einsegnung in ihren Gärten zu Hause.« Viele Leichen trug man aber auch hinaus und ließ sie unbestattet auf freiem Feld liegen.

Die Angst vor der Pest, die so viel Not und Elend gebracht hatte, steckte noch Jahrzehnte später in den Menschen. Zudem trat die fürchterliche Seuche immer wieder sporadisch auf, wie einem Eintrag im Ratsbuch der Stadt Auerbach vom 3. November 1679 zu entnehmen ist: »Es wurde dem Apotheker befohlen, sich die Ingredientia contra pestis [Zutaten gegen die Pest] zu verschaffen.« In dieser Zeit größter Not beteten viele Bürger um Hilfe zu Gott und zu den Heiligen und taten verschiedene Gelübde.

Nach überstandener Seuchengefahr stiftete eine Bürgerin die Säule.

In Auerbach erinnert auf besondere Weise die Quarzsäule an der Michelfelder Straße an jene Seuchengefahr. Im Volksmund heißt sie deshalb auch »Pestsäule«. Barbara Merkl, eine Bürgerin der Stadt, stiftete sie im Jahre 1661 zum Dank dafür, dass sie und ihre Angehörigen von der todbringenden Krankheit verschont geblieben sind. Auf drei Seiten sind die Szenen der Geißelung, Kreuzigung und Auferstehung Christi eingemeißelt. Die vierte Seite trägt das Wappen der Familie Merkl: Drei Rosen auf einem Schrägbalken. Diese waren lange nur noch in schwachen Umrissen zu erkennen. Im Jahr 2008 wurde die Pestsäule restauriert.

Alfred Graf

INFOS

Die Pestsäule befindet sich an der Michelfelder Straße in Höhe der Hausnummer 10 in der Nähe des Stadtweihers. Fritz Gnan, der das Flurdenkmal anlässlich seines 70. Geburtstages 2008 herrichten ließ, tat dies aus einem besonderen Grund: Stifterin Barbara Merkl ist ein weiblicher Vorfahre in der Linie einer seiner Großmütter. Ihr Sohn Georg Merkl wiederum stiftete 1690 die Kapelle auf dem Gottvaterberg. Der Verkehrsverbund Großraum Nürnberg hat eine schöne Wanderung von Auerbach über den Gottvaterberg und die Maximiliansgrotte nach Neuhaus/Pegnitz ausgearbeitet (www.vgn.de/wandern/gottvaterberg_maximiliansgrotte). Im Auerbacher Ortsteil Nitzlbuch steht die Grubenanlage mit ihren Fördertürmen als Bergbaumuseum Maffaischächte den Besuchern offen (1. Mai bis Ende Oktober jeden ersten Sonntag im Monat von 15 bis 17 Uhr und nach vorheriger Anmeldung unter Tel. 0 96 43/24 33). Sehenswert sind auch die Stadtpfarrkirche mit dem einzigen Erzaltar Deutschlands und die Asamkirche in der Klosteranlage im benachbarten Michelfeld. Nicht weit entfernt hält der Kanonier von Etzelwang auf einem Felsen über dem Dorf Wacht (Fundort 5).

7 Spuren der Großmannssucht
Die Reste des NS-Stadionmodells bei Oberklausen

Das Hirschbachtal zählt zu den schönsten Gegenden der Hersbrucker Alb. Eine reizvolle Landschaft und rund 200 Kilometer markierte Wanderwege sind hervorragende Voraussetzungen für einen naturverbundenen Urlaub. Auf dem Höhenglücksteig und dem Norissteig finden Kletterer alpine Verhältnisse vor.

Oberklausen, ein Ortsteil von Hirschbach, besteht aus rund einem halben Dutzend Häusern. Was verbindet den abgelegenen Weiler und die Großstadt Nürnberg? Die Antwort liegt im Wald versteckt: Am Berghang gegenüber des Dorfes hatte Hitlers Lieblingsarchitekt Albert Speer zu der Zeit, als er für das Reichsparteitagsgelände in Nürnberg das »Deutsche Stadion« plante, ein maßstabgerechtes Teilmodell der Tribüne errichten lassen. Die steinernen Zeugen des NS-Größenwahns können heute noch besichtigt werden.

Als Kulisse für die Rituale der Macht sollte die riesige Arena in Nürnberg mehr als 400 000 Zuschauern Platz bieten. Mit seinen 80 Meter hohen Aufbauten hätte das »größte Stadion der Welt« alle bis dahin bekannten Dimensionen gesprengt. Grundsteinlegung für den Monumentalbau, in dem das Regime seine propagandistischen Massenspektakel inszenieren wollte, war am 9. Juli 1937. Doch die Arbeiten kamen nicht voran. Die Baugrube lief voll Wasser und bildet heute den Silbersee.

Nicht programmgemäß endete 1939 auch der Versuch, im Hirschbachtal einen Prototyp der Tribünen im Maßstab 1:1 zu errichten. Die Stelle bei Oberklausen war für dieses Projekt ausgewählt worden, weil der Berghang genau den gleichen Neigungswinkel aufwies wie die Zuschauerränge des auf dem Reichsparteitagsgelände geplanten Stadions. Die entlegene Gegend hatte zudem den Vorteil der besseren Geheimhaltung.

Und so waren bis zu 400 Arbeiter Tag und Nacht damit beschäftigt, am sogenannten Stockbühl den Wald zu roden, Erdmassen zu bewegen, Fundamente zu zementieren und Holzaufbauten zu zimmern. Ein Zehntel des in Nürnberg projektierten Stadions sollte bei Oberklausen in Originalgröße entstehen, nämlich drei Tribünenterrassen mit je fünf Rängen und insgesamt mehr als 42 000 Sitzplätzen. Die braunen Machthaber dachten in erster Linie daran, verschiedene Neigungswin-

Überbleibsel der Stützmauern zeugen vom Stadionmodell der Nazis.

kel und die dadurch gegebenen Sichtverhältnisse auszuprobieren. Im März 1938 sollen Hitler und Speer sich einen Eindruck vom Baufortschritt verschafft haben.

Als das Dritte Reich in Trümmern lag, musste auch das Nazi-Bauwerk verschwinden: Auf Geheiß der US-Militärregierung wurden die Holzaufbauten abgebrochen. Inzwischen ist über das Stadionmodell buchstäblich Gras gewachsen.

Doch die Reste sind weiterhin gut zu erkennen: Wer den Hang hinaufsteigt, stößt auf dutzende von wuchtigen Betonblöcken, aus denen rostüberzogene Armierungseisen ragen. Reihe um Reihe stehen die von Moos überwucherten Quader in drei bis fünf Metern Abstand bis hinauf zum oberen Rand des Stockbühls. Dazwischen modern im Schatten der Bäume gewaltige Stützwände vor sich hin – Dokumente einer unseligen Epoche.

Horst M. Auer

INFOS

Auf der Straße aus Richtung Hirschbach: Parkplatz mit Bushaltestelle am Ortseingang von Oberklausen. Dort am Hang im Wald finden sich die Relikte des Stadionmodells aus der NS-Zeit. Die Betonsockel und Stützmauern stehen seit 2002 unter Denkmalschutz. Am Fuße des Hangs weisen Schilder auf die Reste der Versuchstribünen hin. Das Hirschbachtal ist ein Naturparadies mit Felsen und Höhlen und vielen Wanderwegen. Norissteig, Höhenglücksteig und weitere Felsmassive bieten ideale Klettermöglichkeiten für sportlich Ambitionierte.

8 Wallfahrt zum heiligen Baum
Die Kapellenruine bei Arzlohe

Felder und Wiesen, Obstbäume und Hopfengärten: Eingebettet in eine Bilderbuchlandschaft liegt Arzlohe auf einer Hochebene der Hersbrucker Alb. Immer im Juli feiert das 52-Seelen-Dorf seine Kirchweih in einer seit dem 16. Jahrhundert überlieferten und in Franken einmaligen Form. Höhepunkt ist der festliche Gottesdienst innerhalb von Mauerresten unter uralten Linden, in der Kapellenruine »Zum heiligen Baum«.

Der Ort Arzlohe tauchte erstmals im Jahr 1289 aus dem Dunkel der Geschichte auf. Die sagenumwobene Kapellenruine ist heute so etwas wie das Erkennungszeichen des Dorfs. Der älteste Nachweis ihrer Existenz stammt aus dem Jahr 1480. Die 1520 urkundlich gesicherte Bezeichnung »Zum heiligen Baum« deuten Historiker als Hinweis auf eine vorchristliche Kultstätte. Das ist nicht unwahrscheinlich, brachten doch schon die Germanen unter großen, den Göttern geweihten Bäumen ihre Opfer dar.

Für viele Wanderer, die hier vorbeikommen, ist es ein unheimlicher Ort. Wie Chroniken berichten, war er 1508 Schauplatz eines Verbrechens. Der Arzloher Bader und der Wagner, so die Überlieferung, sollen beide in eine schöne Hirtentochter verliebt gewesen sein. Doch auch ein Fremder aus Böhmen hatte ein Auge auf die junge Frau geworfen. Aus Eifersucht überfielen die beiden Einheimischen eines Tages den vermeintlichen Nebenbuhler und erstachen ihn. Seine Leiche warfen sie in die Kapellenruine.

Das Kirchlein muss also – aus welchen Gründen auch immer – schon damals zerstört gewesen oder dem Verfall preisgegeben worden sein. Heute zeigt sich ein einschiffiges spätgotisches Bauwerk, von dem nur noch Teile der bis zu fünf Meter hohen Umfassungsmauern sowie ein Portal und ein spitzbogiges Fenster erhalten geblieben sind. Jedes Jahr am Sonntag vor Jakobi füllt sich die Ruine nach alter Gepflogenheit mit Leben.

Um neun Uhr versammeln sich die Menschen in der Dorfmitte und formieren sich zur Prozession. Mit den Posaunenchören und den Pfarrern der umliegenden Gemeinden an der Spitze zieht der Tross vorbei an Getreidefeldern hinaus zum »heiligen Baum«. Traditionell werden dabei bestimmte uralte Kirchenlieder gesungen. Seit vielen Jahrzehnten gestalten Kirchenchor und Männergesangsverein aus Pommelsbrunn den anschließenden Festgottesdienst in der Ruine.

Nur noch wenige Mauerteile sind von der Kapellenruine erhalten.

Aus alten Aufzeichnungen geht hervor, dass mit der Kirchweih früher ein Markttag verbunden war. An diesen Brauch knüpfen die Arzloher seit einigen Jahren wieder an. Neben Marktständen zeigen Drechsler, Korbflechter und Rechenmacher ihre handwerklichen Fertigkeiten.

Und noch eine Tradition wird seit Jahrhunderten liebevoll gepflegt: Jedes Jahr am Kirchweihtag, so ist es beurkundet, muss der Pfarrer von einer anderen Familie im Dorf verköstigt werden. Auch die Reihenfolge ist durch einen Vertrag aus dem Jahr 1520 genau festgelegt. Im Jahr 2000 wurde ausnahmsweise eine kleine Abweichung gestattet: Der Dorfbewohner, der seine Aufgabe erfüllen sollte, war alleinstehend und krank. Deshalb durfte er seiner Pflicht mit Naturalien nachkommen. »Wir wollen doch«, sagte der damalige Pfarrer Johannes Lösche, »dass der Brauch fortbesteht«.

Horst M. Auer

INFOS

Arzlohe befindet sich zwei Kilometer südlich von Pommelsbrunn. Zur Kapellenruine kommt man, wenn man das Dorf in südlicher Richtung über einen Feldweg verlässt. Die Entfernung von Arzlohe beträgt etwa einen halben Kilometer. Im Juli wird am Sonntag vor Jakobi Kirchweih gefeiert, am Thomastag (21. Dezember) findet jedes Jahr die Waldweihnacht statt. Auch am Pfingstmontag wird im alten Gemäuer ein Gottesdienst abgehalten. Nicht weit entfernt sind das Stadionmodell Oberklausen aus der Nazi-Zeit (Fundort 7) und Burg Hohenstein (Fundort 9).

9 Läutzeichen von oben
Das Glöcklein von Burg Hohenstein

Burg Hohenstein im Nürnberger Land ist ein beliebtes Wanderziel. Palas, Burgkapelle und die zinnenbekrönten Mauern haben eine wechselvolle Vergangenheit. Vermutlich bereits im 11. Jahrhundert in strategisch günstiger Lage auf einem steil aufragenden Dolomitfelsen in 634 Meter Höhe erbaut, ist die Burg seit 1163 historisch belegt. Im Verlauf ihrer stürmischen Geschichte sah die Wehranlage mehrere Herren, darunter die Staufer, die Wittelsbacher und Abgesandte der Reichsstadt Nürnberg.

Die Nürnberger hissten ihre Fahne dort nach dem Landshuter Erbfolgekrieg (1504/05), in welchem die Reichsstadt ein Landgebiet von noch nie dagewesenem Ausmaß an sich gebracht hatte. Der Rat richtete damals auf der Burg ein Amt ein, das heißt also einen Verwaltungssitz, über den ein Pfleger oder Vogt die Aufsicht hatte. Und hier, in der sogenannten Nürnberger Zeit, beginnt unsere Geschichte.

Um 1531/32 hat auf der Burg zum ersten Mal eine kleine Glocke Einzug gehalten. Der Grund für diese Anschaffung war nicht, wie man vermuten möchte, die Gläubigen zum Gottesdienst zu rufen oder an das Abendgebet und andere Christenpflichten zu gemahnen. Nein, der Anlass dafür war überaus profan. Nämlich: »... damit man dem Vogt läuten könne, wenn man ihn oben im Schloss bedürfe und nicht mehr Steine auf sein Dach werfe.«

Dafür benötigte man also zunächst die Glocke, deren damaliger Standplatz wohl der nordöstliche Vorsprung der Bastei war: Die Bewohner der Oberburg wollten sich beim Vertreter der Reichsstadt nachhaltiger bemerkbar machen können, wenn dringende Amtsgeschäfte auf ihn warteten. Schließlich war ja das Telefon noch nicht erfunden, und der Vogt wohnte im »Langen Haus« unterhalb der Burg. Keine Frage: Man wusste sich recht gut zu helfen.

Etwa ab 1700 hatte der Hohenstein dann ein Glöcklein, das in einem Türmchen (einer sogenannten Laterne) auf dem Dach des Bergfrieds hing. Als man 1809 den baufälligen Bergfried abriss, verlor auch die Glocke ihren angestammten Platz. Es war still um den Hohenstein. Kein Mittagsläuten, keinen Ruf zum Abendgebet hörte man mehr im Dorf und in der näheren Umgebung.

Das Glockentürmchen steht auf dem Fundament des Bergfrieds.

Sechs Jahre später, 1815, beschaffte der damalige Ortsvorsteher Konrad Tauber eine neue Glocke. Auf dem alten Fundament des Bergfrieds entstand ein Türmchen, und seit dieser Zeit erschallt wieder der Ruf des Glöckleins. Immer bediente es ein Ortsansässiger, der dreimal täglich und bei Hochzeiten und Sterbefällen sogar ein viertes Mal die Treppenstufen zur Burg hinaufstieg, um das Glockenseil zu betätigen.

1958 ersetzte man dann das Seil durch ein elektrisches Läutwerk. Ein neuer Zeitabschnitt begann für das Glöcklein vom Hohenstein, ein Abschnitt, der auch zur Rückschau, zum Nachdenken einlädt.

143 Jahre lang musste das Glöcklein von Hand geläutet werden. Mehr als einhundertsechzigtausend Mal stieg ein Hohensteiner in dieser Zeit die Stufen zur Burg hinauf; bei Sturm und Regen, bei eisiger Kälte, im tiefen Schnee. An Werktagen und an Feiertagen, aber auch bei Taufen und Todesfällen. Niemand kennt sie mehr, diese treuen Glöckner. Ob Männer oder Frauen, mitunter schon Greise, manchmal noch Kinder, ihre Zahl bleibt unbekannt und niemand schreibt ihre Geschichte. In keinem Buch werden sie genannt. Die tiefe Rille, die das Glockenseil in den Fels und in die Turmmauer eingewetzt hat, ist das einzige Zeugnis ihres aufopferungsvollen Dienstes.

Walter Heinz

INFOS

Zahlreiche Wanderwege führen hinauf zum Hohenstein, der auf einem Dolomitfelsen in 634 Metern Höhe weit das Land überragt. Romantiker, die das Felsennest gerne als Ritter- oder gar als Raubritterburg sehen möchten, müssen enttäuscht werden: Das Gemäuer war über die Jahrhunderte eine Verwaltungsburg und Sitz eines Vogts, Pflegers oder Amtsmanns. Eigentümer der Anlage ist seit 1983 der Verschönerungsverein Hohenstein, der bereits 1901 die Burgkapelle erworben hatte. Seit dem Jahr 2000 wurden mehr als eine Million Euro in die Sanierung der Burg gesteckt. Der Hohenstein ist vor allem über die A9 (Ausfahrt 47 Hormersdorf, abbiegen in Wallsdorf) leicht zu erreichen. Die Burg ist von März bis November geöffnet – wenn es die Witterung zulässt. An Sonn- und Feiertagen kann das Baudenkmal von 11 bis 17 Uhr besichtigt werden, wochentags kann man sich den Schlüssel im Lebensmittelladen »Lotte Igel« ausleihen. Nicht weit entfernt befinden sich das Stadionmodell Oberklausen aus der Nazi-Zeit (Fundort 7) und die Kapellenruine bei Arzlohe (Fundort 8).

10 Prachtvoll wie ein Thron
Historische Beichtstühle in evangelischen Kirchen

Beichtstühle – gehören sie nicht allein zum Inventar katholischer Kirchen? Im Prinzip schon, doch lehnten Martin Luther und die anderen Reformatoren die persönliche Beichte keineswegs ab. Im Gegenteil, denn das Bekennen von Schuld und die Reue sind wie Buße und Vergebung für alle Christen von zentraler Bedeutung. Auch wenn in der evangelischen Kirche Gläubige nur noch in Einzelfällen ein individuelles Sündenbekenntnis ablegen, so sind doch gerade in Franken noch viele Beichtstühle als Zeugen einer überkommenen Frömmigkeit vorhanden.

Um die Beichte abnehmen zu können, verfügten alle lutherischen Kirchen über Beichtstühle. Eine Art Wendepunkt markierte der »Berliner Beichtstuhlstreit« um 1690. Im Unterschied zur römisch-katholischen »Ohrenbeichte«, bei der die Sünden möglichst detailliert aufzuzählen sind, war dies in der evangelischen »Einzelbeichte« oder »Privatbeichte« zwar möglich, aber nicht üblich. Durch das Abfragen des Katechismus und das Aufsagen von Beichtformeln erstarrte diese nach und nach zum Ritual. Dafür setzte sich die »Allgemeine Beichte« durch, die von der Gemeinde im Chor gesprochen wird.

Trotzdem kennt man noch zahlreiche Beichtstühle in evangelischen Kirchen, in Mittelfranken gibt es mindestens 60. Sie lassen sich einem Zeitraum von ziemlich genau 100 Jahren zuordnen. Das jüngste Exemplar dürfte in Plech stehen. Es trägt die Jahreszahl 1787. Schon 1790 kam nämlich für Franken das Ende der »Privatbeichte«, und die bis heute übliche »Allgemeine Beichte« hielt Einzug.

Der Verlust der ursprünglichen Funktion hatte zur Folge, dass etliche Beichtstühle auf dem Speicher landeten, aus den Kirchen verschwanden oder unter falschen Bezeichnungen wie »Pfarrsitz« oder »Mesnerstuhl« langsam in Vergessenheit gerieten. Dabei hatte sich sogar ein besonderer »Nürnberger Typus« herausgebildet: auffallend reich geschnitzte Stühle, oft bemalt und teilweise vergoldet, manchmal mit einem Baldachin versehen. Beispiele finden sich in Artelshofen, Henfenfeld und Velden im Nürnberger Land.

Es gibt offene und geschlossene, verzierte und schmucklose Beichtstühle. Einige haben die Form eines Chorstuhls wie etwa der in

Reich verziert ist der Beichtstuhl der Kirche in St. Helena.

in Petersaurach (Kreis Ansbach) oder die Gestalt eines Ohrenbackensessels wie die in Altdorf bei Nürnberg und in Hilpoltstein (Kreis Roth). Andere gleichen einem fürstlichen Thron oder einem schlichten Kasten. Derartige Schränke mit vergitterten Fenstern haben sich in Flachslanden (Kreis Ansbach) und in Forst bei Gerhardshofen (Kreis Neustadt/Aisch-Bad Windsheim) erhalten. Über Kniebank und

Schreibpult (für die Anmeldung zum Abendmahl) verfügt der Beichtstuhl von Weißenkirchberg bei Leutershausen (Kreis Ansbach).

Das wohl prächtigste Exemplar eines evangelischen Beichtstuhls in der Region findet man in der Kirche von St. Helena bei Großengsee in der Nähe von Simmelsdorf im Nürnberger Land. Über dem barocken Kastensitz von 1708 wölbt sich eine Überdachung aus üppigem Rankenwerk in Weiß und Gold. Die Schnitzereien fassen eine Taube ein, die mit einem Strahlenkranz unterlegt ist und den Heiligen Geist versinnbildlicht. Ein Spruchband erläutert mit einem Bibelzitat den Sinn der Beichte: »So bitten wir nun an Christus statt/Lasset Euch versöhnen mit Gott«.

Helmut Schatz

INFOS

Die Kirche in St. Helena zu Großengsee nördlich von Simmelsdorf im Nürnberger Land ist normalerweise täglich von 10 bis 18 Uhr geöffnet. Sollte dies einmal nicht der Fall sein, können sich Besucher an die Bäckerei am Kirchplatz wenden. Die Kirche gelangte im Jahr 1574 an das Nürnberger Patriziergeschlecht von Tucher. Die Adelsfamilie übte 426 Jahre lang bis Ende 2000 das Patronatsrecht aus. Noch heute erinnern zahlreiche Tucherwappen in den Fenstern, am Taufstein und über dem Chorbogen an diese Zeit. Auskünfte beim Pfarramt Großengsee unter Tel. 0 91 55/92 82 75.

11 Zucker für die Musikanten

Das Friedensgemälde an einer Hauswand in Gräfenberg

In dieser Geschichte spielen ein paar Stückchen Würfelzucker eine Rolle, dazu die Preußen und die Bayern sowie ein ehemaliges Gasthaus. Um das alles zusammenzubringen, muss man sich in den Sommer des Jahres 1866 zurückversetzen, als der Deutsche Krieg die Niederlage Österreichs und damit die Vorherrschaft Preußens in Deutschland besiegelte. Wenige Wochen, nachdem die preußische Armee Österreicher und Sachsen bei Königgrätz geschlagen hatte, streiften die Scharmützel auch Gräfenberg. Damals gehörte das Städtchen zu Nürnberg, heute liegt es im Landkreis Forchheim.

Der Krieg zeigte sich Gräfenberg gnädig: Hier floss 1866 kein Blut. Ein Wandgemälde an einem Gebäude am Marktplatz, es ist die Nummer 12, erzählt vom Frieden; genauer von dem hier zwischen den preußischen Truppen, die damals auf Nürnberg zumarschierten, und ihren bayerischen Gegnern geschlossenen Waffenstillstand. Das Haus diente den Preußen als Hauptquartier, und zwar als ein recht angenehmes. Denn seit der ersten Erwähnung im Jahr 1497 war hier ein Gasthof untergebracht. Erst in jüngerer Zeit wurde mit dieser Tradition gebrochen: In dem geschichtsträchtigen Gemäuer hatte sich die Filiale einer Drogeriekette niedergelassen, mittlerweile ist ein Optiker hier zu finden.

Auf die lange Tradition blickte man 1927 gerne zurück. In diesem Jahr wurden in Gräfenberg einige historische Gebäude im Zuge einer nationalen Rückbesinnung mit Wandgemälden verziert, die an geschichtliche Ereignisse erinnerten. Das geschah auch beim damaligen Hotel *Alte Post*. Bis heute ist an der Frontseite folgende Inschrift zu lesen: »In diesem Haus wurde 1866 in der Nacht vom 30. zum 31. Juli zwischen Bayern und dem Nordd. Bund durch den bayer. Oberstleutnant Roth mit Großherzog Friedr. Franz v. Mecklenburg-Schwerin Waffenruhe vereinbart.« Die Worte werden umrahmt von einem Spielmannszug und zwei Soldaten.

Die beiden Kommandeure waren der Großherzog von Mecklenburg-Schwerin, Friedrich Franz, der für die Preußen das II. Reservekorps befehligte, und der bayerische Oberst Roth, der für Bayerns 12. Infanterieregiment den Waffenstillstand unterzeichnen musste.

Spieler aus dem Musikzug bücken sich nach den Zuckerstückchen.

Das Wandgemälde zeigt die Freude der Gräfenberger über den Frieden. Zum Dank spielte die Stadtkapelle den Preußen auf. Die Einheimischen waren wirklich froh: Statt der befürchteten Tyrannen hatte man disziplinierte und kultivierte »Feinde« kennengelernt.

Doch sonderbar: Einige der Spieler aus dem Musikzug bücken sich anscheinend, um etwas vom Boden aufzuheben. Die Eigentümlichkeit im Bild hat den Gräfenberger Heimatforscher Gerhard Gundelfinger nicht losgelassen. Schließlich glaubte er, die Lösung gefunden zu haben – und nun kommt der Würfelzucker ins Spiel: Preußische Soldaten warfen der Bevölkerung als freundliche Geste Zuckerstückchen aus den Fenstern des Gasthofes zu.

Gepresster Zucker, das war etwas, was im Gräfenberg des Jahres 1866 noch völlig unbekannt war. Der Versuchung konnten also auch einige der Musikanten nicht widerstehen. Trompeter und Klarinettist bückten sich nach dem Naschzeug, statt im Takt zu bleiben. Ein fröhliches Kriegsende also, das Gräfenberg 1866 erlebte, und von dem das Haus am Marktplatz heute noch erzählt.

Georg Körfgen

INFOS

Das ehemalige Gasthaus *Alte Post* mit dem Wandgemälde befindet sich an der südwestlichen Ecke des Marktplatzes von Gräfenberg.

12 Das Orakel des Mauritius

Der Moritzbrunnen bei Leutenbach am Walberla

Wer sich dem Walberla aus östlicher Richtung nähert, stößt unweit der Straße von Egloffstein nach Leutenbach im Wald auf die Moritzquelle. Das Brunnenhäuschen mit der bemalten Holzfigur des heiligen Mauritius ähnelt einer kleinen Feldkapelle. Dem Wasser werden sowohl heilende als auch prophetische Kräfte zugeschrieben. Angeblich hilft es bei Hautkrankheiten und Augenleiden. »Früher ist das Heilwasser sogar in Flaschen an Auswärtige verschickt worden«, erinnerte sich vor einiger Zeit der damalige Leutenbacher Kirchenpfleger Hans Greif.

In dem kleinen Becken zu Füßen des Mauritius, wo das Wasser aus dem felsigen Gestein hervorsprudelt, befinden sich auffallend viele Holzstückchen. Das ist darauf zurückzuführen, dass die Quelle als Orakelbrunnen gilt und beispielsweise Schwerkranken die Frage nach der Zukunft beantworten soll: Wirft man ein Stäbchen ins Wasser und es schwimmt an der Oberfläche, so bedeutet dies die baldige Genesung. Geht das Stöckchen unter, ist es ein böses Omen.

Um die Moritzquelle ranken sich viele Sagen und Geschichten. Einst haben dort heiratslustige Mädchen aus Leutenbach das Orakel befragt, heißt es. Weit verbreitet ist auch der Volksglaube, dass die kleinen Kinder auf dem Wasser dahergeschwommen kommen oder vom Storch aus dem Brunnen gefischt werden. In Zeiten großer Dürre – so ist ebenfalls überliefert – müssen drei Jungfrauen die Quelllöcher mit Hanffasern zustopfen und das Becken ausschöpfen, damit es alsbald regnet. Und in der Osternacht um Punkt zwölf Uhr soll der Legende nach Wein statt Wasser aus dem Orakelbrunnen fließen.

Angeblich befand sich an seiner Stelle vor vielen Jahrhunderten eine heidnische Kultstätte und danach ein frühchristlicher Taufplatz. Später war die Heilquelle ein Wallfahrtsort und ein Pilgerziel, zusammen mit dem Kirchlein, das in Sichtweite auf einem kleinen Felsvorsprung thront. Das unscheinbare, mauerumwehrte Gotteshaus ist von einem winzigen Friedhof umgeben und ebenfalls dem heiligen Mauritius geweiht. Eine Zeit lang befand sich dort auch eine Einsiedelei: Neben dem Toreingang steht das gut erhaltene Eremitenhäuschen von 1750.

Zu Füßen der Mauritius-Figur sprudelt die Quelle aus dem Boden.

Der Name der Moritzkapelle wird erstmals in einer Forchheimer Gerichtsakte vom 3. Januar 1465 erwähnt. Das romantisch gelegene Kirchlein überrascht durch seine reiche Ausstattung: Altäre und Heiligenfiguren stammen teilweise aus dem 15. Jahrhundert. Zu den Besonderheiten zählen Kunstkenner auch den Dreh-Tabernakel und die barocke Kanzel. Den Fuß einer Säule ziert ein aus Holz geschnitzter, farbig bemalter Männerkopf. »Da hat sich der damalige Pfarrer von Leutenbach verewigen lassen«, erläuterte Kirchenpfleger Greif.

Chroniken ist zu entnehmen, dass St. Moritz den Herren von Ludunbach einst als Burgkapelle gedient hat. Von deren Adelssitz auf der benachbarten Anhöhe sind allerdings heute kaum noch Spuren zu finden. Angeblich hat früher ein unterirdischer Gang die Burg mit der Kapelle im Tal verbunden. So war das Wehrkirchlein nicht nur für die Bauern der Umgebung, sondern auch für die Edlen von Leutenbach letzter Zufluchts- und Verteidigungsort.

Horst M. Auer

INFOS

An der Straße Leutenbach–Egloffstein, etwa einen Kilometer hinter Leutenbach, befindet sich rechter Hand ein Wanderparkplatz. Von dort führt ein kurzer Fußweg zum Moritzbrunnen und weiter zur Moritzkapelle. In der Moritzkapelle finden unregelmäßig sonntags und an Freitagabenden Gottesdienste statt. Über sonstige Besichtigungsmöglichkeiten und Führungen für Gruppen informiert Mesner Eustach Kern (Tel. 0 91 97/7 94). Für eingefleischte Franken ein Muss ist die Kirchweih am ersten Mai-Wochenende auf dem Walberla.

13 Des Teufels Krallen?
Wetzrillen an historischen Sandsteinmauern

Deutungen gibt es mehr als genug für die eigenartigen Einkerbungen, die in ganz Franken vornehmlich die Mauern und Portale von historischen Kirchen zieren. Die senkrecht angebrachten, rillenförmigen Vertiefungen im Sandstein werden mitunter mit Volkssagen und Aberglauben in Verbindung gebracht. Sogar der Teufel muss herhalten: Der soll einst vor Wut über die vergebliche Seelenfängerei mit seinen Krallen an den Eingängen der Gotteshäuser gekratzt haben.

Sind es die Reisezeichen wandernder Steinmetze oder die Spuren von Kinderspielen? Manche deuten die rätselhaften Einkerbungen als Schleifstellen von Waffen: Im Mittelalter sollen Kirchgänger an den Portalen ihre Hellebarden und Schwerter abgestellt und bei dieser Gelegenheit hin und wieder am Sandstein geschärft haben. Angeblich hat dieses Tun vor Kriegszügen Glück gebracht. Nach einer heidnischen Überlieferung aus germanischen Zeiten ist an Kirchentüren aus Anlass von Vermählungen symbolisch das sogenannte Eheschwert gewetzt worden.

Auf die geheimnisvollen Wetzrillen stößt man überall in der Region. Besonders ausgeprägt sind Zeichen dieser Art am Liebfrauenmünster in Wolframs-Eschenbach (Kreis Ansbach) und an der Mauer des ehemaligen Klosters in Neunkirchen am Brand (Kreis Forchheim) erhalten. Doch nicht nur an sakralen Bauwerken sind sie angebracht, sondern auch an Bauernhäusern im Hersbrucker Land oder an der Mauer des Schlosses und des alten Forsthauses in Kalchreuth nördlich von Nürnberg. Eine Gemeinsamkeit haben Heimatforscher jedenfalls festgestellt: Es handelt sich immer um hartes, grobkörniges Steinmaterial.

Der katholische Pfarrer von Effeltrich im Landkreis Forchheim, Albert Löhr, kennt die Vertiefungen ebenfalls. Am linken Torpfosten der Kirchenburg sind einige Rillen eingeritzt, weitere findet man etwas versteckt auf der Innenseite des Mauerrings, der die 500 Jahre alte Wehrkirche St. Georg umgibt.

Löhr sind auch die meisten Erklärungsversuche geläufig: »Es heißt, dass einst das österliche Feuer aus dem Stein geschlagen worden ist.« Doch das sei ebenso unwahrscheinlich wie eine andere Begründung. Demnach sind Waffen beim Eintritt zu einem befriedeten Bezirk wie

An der Mauer des alten Kalchreuther Forsthauses sind tiefe Wetzrillen.

der Kirchenburg von ihren Besitzern an der Mauer stumpf geschlagen worden.

Der Geistliche hat auch davon gehört, dass unsere Altvorderen dem Steinmehl, das man aus den länglichen und teils auch napfförmigen Vertiefungen herausrieb, Zauber- und Heilkraft zugeschrieben haben sollen: Es wurde angeblich dem Viehfutter beigemischt.

Eindeutig festgelegt haben sich die beiden Heimatkundler Walter Heinz und Werner Kaschel, was die Herkunft der länglichen Rillen anbelangt: »Beim Wetzen der Sensen und Sicheln wurden die Wetzsteine durch Handschweiß und den feinen Metallabrieb verschmiert und deshalb zu glatt. Daher rauten sie die Bauern an grobkörnigem und hartem Sandstein wieder auf. Nur so können diese Wetzrillen entstanden sein«.

Horst M. Auer

INFOS

Wetzrillen findet man in Franken an etlichen Sakralbauten, an Mauern, manchen Wohnhäusern und sogar an alten Steinkreuzen aus Sandstein (Beispiele werden oben genannt).

14 Duell im Morgengrauen
Der Rubnerstein in der Nähe von Rathsberg

Dichter Mischwald säumt die nordwestliche Ecke der Rathsberger Hochfläche. Unter den ersten Bäumen, kurz vor dem steilen Abhang hinunter nach Bubenreuth, steht ein aus Sandstein gehauener Gedenkstein. Schon etwas verwittert sind darauf der Zirkel der Erlanger Studentenverbindung Baruthia und ein Stoßdegen, ein sogenanntes Rapier, zu erkennen. Der eingemeißelte Name Karl Rubner gab dem Denkmal seinen Namen: Es wird im Volksmund »Rubnerstein« genannt.

Der Stein erinnert an ein Duell im Morgengrauen zu Pfingsten 1841. Auf der Wiese ganz in der Nähe von Rathsberg standen sich um sechs Uhr früh Carl Friedrich Wilhelm Rubner vom Corps Baruthia und Karl Köberlin von der Burschenschaft Bubenruthia mit gezückten Waffen gegenüber. Die beiden Studenten waren sich auf der Erlanger Bergkirchweih in die Haare geraten. Über den Hintergrund des offenbar unüberbrückbaren Streits ist nichts bekannt.

Schon kurz nach Beginn des Zweikampfs wurde Rubner durch einen Stoß in die Brust mit dem gefährlichen Rapier, das auch unter dem Beinamen »Lungenfuchser« bekannt war, schwer getroffen. Alle ärztlichen Bemühungen waren vergeblich: Rubner erlag noch am Schauplatz des Duells der tödlichen Verletzung. Die Leiche musste im Gebüsch versteckt liegen gelassen werden, um den Tod des Studenten möglichst lange geheim zu halten. Seinem Gegner sollte dadurch die Flucht ermöglicht werden.

Ein Zeitgenosse, der Theologiestudent Karl von der Pfordten, notierte unter dem 4. Juni 1841: »... Zwei Mädchen, welche Erdbeeren suchten, fanden den Unglücklichen.« Und weiter schrieb er: »Samstag früh 7 Uhr wurde Rubner unter Begleitung aller Studenten ohne Sang, Klang und Einsegnung auf dem Neustädter Friedhof begraben. Die Grabrede hielt Prof. Harleß, er prangerte die Vernunftlosigkeit des Duellierens an. Gerichtliche Untersuchungen verliefen im Sande, sie brachten keine Aufklärung.«

Carl Friedrich Wilhelm Rubner war gerade mal 20 Jahre alt geworden. Er stammte aus Wunsiedel und immatrikulierte sich nach dem

Den Schauplatz eines tödlichen Duells markiert der Rubnerstein.

Besuch des Gymnasiums in Bayreuth am 31. Oktober 1839 an der Universität Erlangen im Fach Bergwesen. Am 2. November 1839 trat er in das 1803 gegründete Corps Baruthia ein.

Auf die Studentenverbindung geht das Denkmal bei Rathsberg zurück: Viele Jahre nach dem traurigen Tod des Corpsbruders Rubner wurde der Stein am Ort des Duells auf einem eigens erworbenen, nur wenige Quadratmeter großen Grundstück errichtet. Der Gedenkstein wurde 1928 erneuert.

Rubners Kontrahent Karl Ludwig Thuerecht Köberlin, ebenfalls Jahrgang 1821, hatte in Erlangen nach seinem theologischen Examen Naturwissenschaften studiert. Über sein weiteres Schicksal nach dem tragischen Ereignis von Rathsberg weiß man nicht viel. Er soll zuletzt Rektor an einer Gewerbeschule gewesen und im Jahre 1896 gestorben sein.

Nach einem Bericht im Erlanger Heimatblatt von 1929 war es im Umland der Universitätsstadt in der ersten Hälfte des 19. Jahrhunderts innerhalb weniger Jahre zu einer ganzen Serie von studentischen Duellen mit tödlichem Ausgang gekommen. Aktenkundig ist, dass in dieser Zeit vier junge Menschen im Zweikampf erstochen wurden. Das erste Opfer, ein chargiertes Mitglied der Onoldia, war am 26. März 1827 in der Nähe von Schallershof zu beklagen. Der zweite Tote wurde am 10. Juli 1830 im Gasthaus *Zum schwarzen Ritter* gefunden. Sein Gegner büßte in der Fronveste und starb bald darauf. 1841 folgte Karl Rubner, und am 21. November 1842 wurde der Burschenschafter Karl Maurer in einem Privatzimmer beim Kutscher Horndasch ermordet, ohne dass je ein Täter ermittelt werden konnte.

Zunehmend gesellschaftlich geächtet, setzte nun auch unter den Burschenschaften ein Umdenken ein: Die letzten beiden Duelle mit tödlichem Ende waren der Beweggrund für die Abschaffung der Stoßwaffen unter den Corps.

Heinz Reiss

INFOS

Der Rubnerstein steht unter den ersten Bäumen am Rand des Waldes, der die nordwestliche Ecke der Hochfläche am Ortsrand von Rathsberg in Richtung Bubenreuth (nördlich von Erlangen) umsäumt. Weiter Richtung Nürnberg sind der Tempel-Fries am Kalchreuther Schloss (Fundort 15) und der Weiler Wolfsfelden (Fundort 16) zu entdecken.

15 Amazonen am Schlossportal

Der griechische Tempel-Fries von Kalchreuth

Schon viele Besucher des Kalchreuther Schlosses haben über den Spruch gerätselt, den ein Steinmetz über das Portal ins Mauerwerk gemeißelt hat. Ins Deutsche übersetzt lautet der lateinische Text: »Offenbar beschützt Gott mit dem Schilde diejenigen vor ihren Feinden, von denen er weiß, dass sie dem Glauben an ihn treu sind.« Noch größere Verwunderung ruft jedoch der antike Fries hervor, der über dieser Inschrift eingelassen ist. Wie kommt die Darstellung einer Kriegsszene aus der griechischen Sagenwelt an ein fränkisches Schloss?

Der Schlüssel zur Erklärung ist – wie bei Vielem in der Geschichte Kalchreuths – die Patrizierfamilie Haller, die die Geschicke des Dorfes gut 500 Jahre lang maßgeblich bestimmt hat. Ulrich Haller ist es gewesen, der den Ort im Jahr 1342 von den Nürnberger Burggrafen käuflich erworben hat. Nur wenige Jahre später begann die Ratsherren-Familie mit dem Bau eines burgähnlichen Schlosses mit Kemenate, Zwinger und Graben.

Um 1500 war Albrecht Dürer wiederholt zu Gast im Hallerschloss. Bei einer dieser Gelegenheiten entstand eines der bekanntesten Aquarelle des Meisters: Er hielt den Ausblick aus einem Fenster auf die Hügelkette im Norden auf der Leinwand fest.

Den Patriziersitz haben die Haller zuletzt kaum noch genutzt und ihn schließlich 1850 veräußert. Mit der benachbarten, an Kunstwerken reichen Andreaskirche bildet das Hallerschloss heute den schmucken Mittelpunkt des Dorfes. Seit vielen Jahrzehnten ist es im Besitz von Privatleuten, die in dem historischen Gemäuer eine Gastwirtschaft betreiben.

Das antike Relief über dem Eingang des Baudenkmals weist auf Carl Freiherr Haller von Hallerstein (1774–1817) hin. Der Architekt und Bauforscher hatte ein Faible für griechische Kultur. 1811 startete er mit Freunden archäologische Ausgrabungen am Apollo-Tempel in Bassae (Phigalia). Ein Jahr später stießen die Forscher auf den aus mehreren Platten bestehenden Tempel-Fries. Während sie das griechische Original an das Britische Museum in England verkauften, ließen sie von drei Tafeln aus weißem Kalkstein verkleinerte Nachbildungen anfertigen.

Kämpfende Amazonen zeigt das Relief über dem Eingang des Schlosses.

Diese zeigen das sagenumwobene kriegerische Frauenvolk im Kampf: »Der Bassae-Fries stellt die Amazonenschlacht aus der griechischen Mythologie dar«, erläutert Bertold Freiherr von Haller. Wer den Abguss des antiken Schmucks zu welcher Zeit in die Schlossmauer eingelassen hat, lässt sich seiner Darstellung nach kaum mehr nachvollziehen. Möglicherweise sind die Platten von Carls Bruder Christoph unbeachtet abgestellt und erst vom neuen Besitzer des herrschaftlichen Anwesens Anfang des vorigen Jahrhunderts über dem Portal angebracht worden. Carl Haller von Hallerstein jedenfalls hat seinen Forscherdrang mit dem Leben bezahlt: Er erlag 1817 in Griechenland einem Fieberanfall.

Horst M. Auer

INFOS

Kalchreuth ist Haltepunkt der Gräfenbergbahn. Das Hallerschloss liegt etwas zurückversetzt an der Durchgangsstraße in der Mitte des Ortes neben der Kirche. Der Tempel-Fries über dem Eingang zum Schloss, in dem sich eine Gaststätte befindet, kann jederzeit besichtigt werden. Die spätgotische Andreaskirche ist unbedingt einen Besuch wert. Zu ihren herausragenden Kunstschätzen zählen der Schreinaltar aus der Werkstatt des Dürer-Lehrmeisters Michael Wolgemut, das Sakramentshäuschen nach dem berühmten Vorbild in der Nürnberger Lorenzkirche und die einzigartigen Ton-Apostel über dem nördlichen Chorgestühl.

16 Räubernest im Wald
Der aufgelassene Weiler Wolfsfelden bei Kalchreuth

Seit 1974 veranstaltet das Forstamt Erlangen, schönes Wetter vorausgesetzt, auf einer Lichtung unweit der Straße Kalchreuth–Neunhof immer am Himmelfahrtstag sein beliebtes Waldfest. Bei Bier, Brotzeit und Musik genießen in manchen Jahren bis zu 8 000 Ausflügler den lauschigen Flecken Natur. Jedoch nur wenige Besucher wissen, dass sie sich auf geschichtsträchtigem Boden befinden.

Bis vor rund 100 Jahren lag hier der Weiler Wolfsfelden. Die Einöde hatte zuletzt einen denkbar schlechten Ruf als Treffpunkt von allerlei Gesindel. Schließlich wussten sich die Behörden nicht mehr anders zu helfen, als alle Anwesen nach und nach aufzukaufen und dem Erdboden gleichzumachen. Nach dem Abbruch des letzten Hauses wurden Äcker und Wiesen eilends aufgeforstet.

Die Geschichte des Ortes lässt sich lange zurückverfolgen. Als Bestandteil des Sebalder Reichswaldes war Wolfsfelden altes Reichsgut und im Besitz der Burggrafen von Nürnberg. Patrizier und adelige Familien werden als Herren genannt. Schon vor dem Dreißigjährigen Krieg soll sich dort ein Schlossgut befunden haben.

Rechte und Eigentumsverhältnisse wechselten immer wieder. 1778 bestand der Weiler aus dem schlossähnlichen Anwesen und einem Bauernhof mit Scheunen und Ställen sowie zwölf Tagelöhnerhäuschen. 70 Köpfe zählte der Weiler um 1850. Damals gab es auch ein Wirtshaus.

Die Dorfschänke sollte Wolfsfelden zum Verhängnis werden, obwohl oder gerade weil das Geschäft gut lief. Neben Studenten aus Erlangen, die fröhliche Trinkgelage abhielten und ihre Mensuren austrugen, zog die Abgeschiedenheit mitten im Wald auch immer mehr lichtscheue Gestalten an: Vogelfänger und Holzdiebe, Fallensteller und Wilderer. Auch die Einwohner genossen nicht den besten Ruf.

Forstverwaltung, Gendarmerie und Justiz hatten ihre liebe Not mit der als Räubernest verschrienen Einöde knapp zwei Kilometer westlich von Kalchreuth. Wann immer sich eine Gelegenheit bot, ging die Obrigkeit mit aller Härte gegen die verschworene Gemeinschaft vor. Die Bewohner der missliebigen Ortschaft wurden mit Strafen, Pfändungen und Prozessen überzogen.

Ein Gedenkstein markiert den Ort, wo einst der Weiler stand.

Um Ordnung zu schaffen, entwickelten die Behörden ab 1893 eine neue Strategie – mit durchschlagendem Erfolg: Haus für Haus wurden die Anwesen aufgekauft und die Gebäude unverzüglich abgerissen. Auf diese Weise verschwand das Dorf langsam von der Bildfläche. Im Jahr 1900 hatte Wolfsfelden aufgehört zu bestehen.

Auch der letzte Bauer und Wirt Johann Sperber war dagegen machtlos. In einer Denkschrift aus dem Jahr 1899 hatte er noch gegen die »Staatshandlanger« gewettert, die ihm nicht weniger als 18 Strafanzeigen aufgebrummt und auch sonst das Leben schwer gemacht hatten. In Wolfsfelden werde die Gerechtigkeit mit Füßen getreten, schrieb Sperber, der »tapfer den ungleichen Kampf dieser Unterdrückung ertragen« musste. Die Herren in den Amtsstuben machte er sogar dafür verantwortlich, seinen Nachbarn in den Tod getrieben zu haben: Dieser hatte zuerst seine Frau erhängt und sich dann selbst auf die gleiche Weise das Leben genommen.

Schließlich war aller Widerstand gebrochen. Am 1. Januar 1900 wurde die Einöde offiziell aufgelassen. Am Rand der Wolfsfelder Wiese erinnert heute nur noch ein Stein an das kleine Dorf. »Weiler Wolfsfelden. 1150–1900« ist in den Findling eingemeißelt.

Horst M. Auer

INFOS

Parkplatz an der Straße Kalchreuth–Neunhof auf der linken Seite, etwa einen Kilometer hinter Kalchreuth. Von dort sind es rund 100 Meter Fußweg zur Wolfsfelder Wiese. Der Gedenkstein steht gleich vorne an der großen Lichtung. Sehenswürdigkeiten in Kalchreuth sind die Andreaskirche und gleich daneben das Hallerschloss (Fundort 15). Auch der Irrhain bei Kraftshof (Fundort 17) und die historische Wasserversorgungsanlage von Tauchersreuth (Fundort 19) sind nicht weit.

17 Barocke Sprachhüter
Der Irrhain des Pegnesischen Blumenordens bei Kraftshof

Vom Patrizierschlösschen Neunhof ist es nicht weit zur uralten Wehrkirche im benachbarten Bauerndorf Kraftshof. Einen knappen Kilometer östlich davon liegt hinter Gemüsefeldern, versteckt in einem Laubwäldchen, eine weitere Sehenswürdigkeit des Knoblauchslands: der Irrhain.

Die historische, in den vergangenen Jahrzehnten stark verwilderte Parkanlage gehört dem Pegnesischen Blumenorden, der ältesten noch bestehenden literarischen Gesellschaft Deutschlands. Am 16. Oktober 1644 gegründet, kamen die Mitglieder des Poetenzirkels einst an »anmuthigen Orten zusammen, ihren Gedanken ungehindert Raum zu geben«.

Zur Pflege und Erneuerung von Sprache und Dichtkunst war die Vereinigung in einer schwierigen Zeit, nämlich noch vor dem Ende des Dreißigjährigen Kriegs, ins Leben gerufen worden. Der »Pegnesische Hirten- und Blumenorden« huldigte der Schäferdichtung und entwarf darin das Idealbild eines naturverbundenen Daseins. Jedes Mitglied, unter den modischen Einflüssen jener Zeit »Pegnitzschäfer« genannt, erhielt als Symbol und Emblem eine Blume zugesprochen.

Erster Versammlungsort der »pegnesischen« Schöngeister war eine Flussschleife der Pegnitz am Westrand der Stadt. An den Weidenmühlen (Nähe Westbad) erinnert heute ein Gedenkstein mit einer Bronzeplatte an den Poetenklub.

Zu einem neuen Treffpunkt verhalf dem Dichterkreis der Pfarrer von Kraftshof. Am nahe gelegenen Waldrand entstand 1676/78 der Irrhain, ein großer und von Hecken umgebener Park. Mit ihren gewundenen Gängen, Sackgassen und Kreiseln stand die Anlage für die Wirrnisse des Lebens, für das Labyrinth der Welt. Über dem Zugang mahnte eine Tafel »Irret nicht!«.

Den Mittelpunkt des Hains bildete die Gesellschaftshütte am Ende einer Allee. Zusätzlich verfügte jeder Pegnitzschäfer über eine Poeten-Laube, die mit seinem Emblem versehen war und in die er sich zurückziehen konnte, wenn er sich der Dichtkunst hingeben wollte. Im sogenannten Friedhof sammelten sich nach und nach Gedenksteine

Gedenksteine und Gedächtnistafeln unter grünem Blätterdach des Irrhains bei Kraftshof.

und Gedächtnistafeln zum Andenken an ehemalige Mitglieder – vom Ordensgründer Georg Philipp Harsdörffer (1607–1658) bis zum 1999 verstorbenen Leiter des Nürnberger Stadtarchivs, Gerhard Hirschmann.

Die Barockanlage war lange Zeit nur noch ein Abglanz früherer Herrlichkeit und verwilderte immer mehr. Als schließlich ein Sturm einige Bäume umwarf und weitere umzustürzen drohten, ging man ans Werk und befreite den Irrhain mit seinen verschlungenen Wegen und der verwunschenen Allee von seiner Patina. Aufgefrischt wurde auch das Erkennungszeichen des Poetenwäldchens, das steinerne Eingangsportal, das die Jahreszahl 1894 trägt.

Der Blumenorden besteht bis heute nicht nur auf dem Papier: Der rund 90 Pegnitzschäfer zählende Verein gibt regelmäßig ein Mitteilungsblatt heraus, veranstaltet Vortragsabende, Dichterlesungen und Kulturreisen. Bis vor einigen Jahren war das alljährliche Irrhain-Fest eine beliebte Veranstaltung. Aber mit den Baumarbeiten war auch ein sehr seltener und streng geschützter Käfer aufgetaucht, der Eremit. Wegen seines Vorkommens und der andauernden Gefahr herabstürzender Äste erließ die Forstverwaltung im Jahr 2008 ein Versammlungsverbot. Erst seit einiger Zeit darf der Blumenorden wieder feiern.

Nach wie vor ist der »Waldtherrn-Verlaß« von 1681 in Kraft. Darin wird den Pegnesen das Recht auf immerwährende Nutzung des Irrhains zugestanden. Dafür musste die Sprachgesellschaft dem Erbförster von Kraftshof und Neunhof alljährlich zu Lichtmess drei Gulden zahlen. An den Staat als Rechtsnachfolger entrichtet der Orden noch heute Jahr für Jahr einen symbolischen Betrag.

Horst M. Auer

INFOS

Der Irrhain liegt in einem Wäldchen östlich von Nürnberg-Kraftshof im Knoblauchsland. Kraftshof in Richtung Friedhof verlassen. Am Friedhof vorbei, nach zirka 300 Metern auf der Lachfelder Straße nach links in Richtung Irrhain-Wäldchen abbiegen. Nach Absprache mit Forstverwaltung und Naturschutz kann das Irrhain-Fest am ersten Sonntag im Juli wieder stattfinden. Ein lohnendes Ziel für einen Besuch ist die 1315 erbaute Wehrkirche St. Georg in Kraftshof. Das Gotteshaus mit seinen Kunstschätzen ist vom Ostersonntag bis zum Reformationsfest täglich von 8 bis 18 Uhr geöffnet. Führungen können mit dem Pfarrbüro vereinbart werden. Im nahegelegenen Kalchreuth ist der griechische Tempel-Fries am Hallerschloss (Fundort 15) zu betrachten und auch der Gedenkstein des Weilers Wolfsfelden (Fundort 16) ist nicht weit davon entfernt.

18 Mit Füßen getreten
Jüdische Grabsteine als Treppenstufen von St. Lorenz in Nürnberg

Angefangen hat alles mit einem Buch. In dem 1968 erschienenen Werk von Arnd Müller über die *Geschichte der Juden in Nürnberg 1146 bis 1945* befand sich ein Foto, das Arno Hamburger von der Israelitischen Kultusgemeinde nicht mehr ruhen ließ. Denn es zeigte eine Wendeltreppe in der Nürnberger Lorenzkirche, für deren Umbau ganz eindeutig jüdische Grabsteine verwendet worden waren.

Gemeinsam mit dem damaligen Kantor machte sich Hamburger im Südturm auf die Suche. Um die beschrifteten Steine zu finden, kletterte er die enge Treppe hoch und tastete jede einzelne Stufe ab. »Ich habe ausgeschaut wie ein Schlotfeger«, erinnert er sich. Doch die Mühe war vergebens. »Wir haben sie nicht gefunden.« Als Hamburger schließlich, ziemlich erschöpft, am Fuß der Treppe Atem holte, fiel sein Blick zufällig nach oben – und er sah, wonach er so fieberhaft gefahndet hatte: Der Baumeister hatte die gravierten Platten so eingesetzt, dass die Schrift nach unten zeigte.

Die vier Grabsteine aus Sandstein dürften im Jahr 1352 umgearbeitet und in den Bau der Lorenzkirche eingefügt worden sein, die zu dieser Zeit umfangreich erweitert wurde. Doch dass sie überhaupt verwendet werden konnten, erinnert an ein bedrückendes Ereignis in der Geschichte Nürnbergs: Zwischen dem 5. und 7. Dezember 1349 wurden auf dem heutigen Hauptmarkt 562 Juden erschlagen und verbrannt. Ihre Synagoge und ihr Friedhof wurden zerstört, die Grabmale in verschiedenen Gebäuden vermauert. Die ältesten noch erhaltenen steinernen Zeugnisse der jüdischen Gemeinde in Nürnberg im 14. Jahrhundert sind just die vier Grabsteine, die 1968 als Treppenstufen wiederentdeckt wurden.

Für Arno Hamburger war daher vom ersten Moment an klar, dass sie an die Israelitische Kultusgemeinde zurückgegeben werden sollten. Über diese Rückgabe verhandelte er mit dem evangelischen Dekanat. Bis alle Widerstände beseitigt waren, vergingen zwei Jahre. Der damalige Prodekan Johannes Viebig schaffte es jedoch, seine Gemeinde davon zu überzeugen, dass dieser Schritt notwendig war – »im Zeichen der religiösen Verständigung«. Die Kosten, die für den keineswegs

Die jüdischen Grabsteine wurden früher als Treppenstufen missbraucht.

einfachen Ausbau der alten und das Einwechseln neuer Treppenstufen anfielen, wurden brüderlich geteilt: Je ein Drittel bestritten die beteiligten Gemeinden, den Rest steuerte die Stadt als freiwilligen Zuschuss bei.

Drei der keilförmigen Grabsteine hängen inzwischen an der Wand der Aussegnungshalle am Israelitischen Friedhof. Zwei sind datiert auf die Jahre 1330 und 1333, beim dritten ist die Jahreszahl weggeschlagen. Hamburger: »Die Steine schreien seit über 600 Jahren aus der Mauer, und zwischen 1933 und 1945 hat man uns beigebracht, solche Schreie zu hören und zu verstehen.« Hätte man die Platten in eine Wand eingelassen, hätten sie seiner Meinung nach dort bleiben können – als Symbol für vergangene Zeiten. »Doch wir wollen nicht, dass das Andenken unserer Verstorbenen mit Füßen getreten wird.«

Ursula Kolb

INFOS

Wer sich für die historischen Grabsteine in der Aussegnungshalle des Friedhofs interessiert, kann sich mit der Israelitischen Kultusgemeinde (Tel. 09 11/5 62 51 81) in Verbindung setzen. Arno Hamburger ist im September 2013 im Alter von 90 Jahren verstorben.

19 Drücken und stoßen

Die alte Wasserversorgungsanlage von Tauchersreuth

Der höchste Punkt der Stadt Lauf ist nicht etwa die Turmspitze der Johanniskirche, sondern eine Wetterfahne weit abseits der Pegnitz, im Ortsteil Tauchersreuth, auf der flachen Blechhaube eines schmucklosen, holzverkleideten Bauwerks. Bei dem achteckigen, siebeneinhalb Meter hohen Unikum am südlichen Dorfrand handelt es sich um den Hochbehälter der historischen Wasserversorgungsanlage. Das sorgsam gepflegte Denkmal der Technikgeschichte ist weit und breit das einzige seiner Art.

Tauchersreuth liegt auf einem Höhenrücken der Frankenalb. Wie anderswo bezogen die Bauern auch dort ihr Trinkwasser aus Hausbrunnen, die tief in die Grundwasser führenden Schichten hinabreichten. Weil die Dorfbewohner bei anhaltender Dürre aber auf dem Trockenen saßen, war guter Rat teuer.

Nahe liegend erschien daher die Ausbeutung einer nur gut einen Kilometer entfernten, ergiebigen Quelle. Doch die befand sich tief unten in einer Schlucht, im sogenannten Wehrgraben. Tag für Tag mit dem vollen Wasserbehälter den steilen Hang hinaufzusteigen – das war den Bauern zu mühsam. Und irgendwelche Hilfsmittel waren lange Zeit nicht in Sicht.

Anfang des vergangenen Jahrhunderts besannen sich die Tauchersreuther auf die technischen Möglichkeiten ihrer Zeit. Sie errichteten eine Wasserversorgungsanlage, die fast 70 Jahre lang ihren Dienst verrichten sollte. Die Anlage von 1907 funktionierte ausschließlich mit Wasserkraft, und zwar nach einem Prinzip, das die Gebrüder Montgolfier bereits 1796 entwickelt hatten. Dabei wird das Hochdrücken des Wassers aus der Schlucht ins Dorf durch einen hydraulischen Widder bewerkstelligt. Als selbsttätige Wasserpumpe benötigt der auch Stoßheber genannte Widder außer dem Fließdruck des Wassers keine andere Energie.

Das Quellwasser fließt zunächst in einen Sammelbehälter und von dort mit einer Gefällhöhe von 8,5 Metern in der 67 Meter langen Triebleitung zum Widder. Durch das Wechselspiel von Stoß- und Druckventil gelingt es, die eigentlich geringe Gefälle-Energie des treibenden

Der historische Wasserturm in Tauchersreuth ist mit Brettern verschalt.

Wassers in einen recht hohen Druck zur Überwindung der Förderhöhe umzuwandeln. Immerhin bewältigt die 1 100 Meter lange Steigleitung vom Widder zum Hochbehälter einen Höhenunterschied von 75 Metern.

Wirkungsgrad und Förderleistung sind denn auch die bestechenden Merkmale der Anlage, die heute noch funktionstüchtig ist. Aufzeichnungen aus dem Jahr 1929 nennen eine durchschnittliche Fördermenge von sieben Litern pro Minute, was einem Tagesquantum von rund zehn Kubikmetern Wasser entspricht.

Eine Seltenheit ist aber auch der Hochbehälter, dem man einst eine Bretterverschalung und darunter, zum Schutz vor Frost, eine Dämmschicht aus Stroh verpasst hat (Wasserreservoirs werden üblicherweise im Boden vergraben). Das Meisterwerk der Technik lieferte den Tauchersreuthern über Jahrzehnte hinweg zuverlässig das kostbare Nass ins Haus. Erst die Fernwasserversorgung brachte das Aus.

1978 war die kurz zuvor ausgemusterte Anlage abbruchreif. Dem Verein »Freunde des Neunhofer Landes« ist es zu verdanken, dass dies nicht geschah und der hydraulische Widder bei besonderen Anlässen wie eh und je das Wasser aus der Schlucht 75 Meter hinauf ins Dorf befördert.

Horst M. Auer

INFOS

Der Tauchersreuther Wasserturm steht am südlichen Ortsrand. Das Denkmal der Technikgeschichte ist im Sommerhalbjahr unregelmäßig und witterungsabhängig geöffnet. Der Verein »Freunde des Neunhofer Landes« arrangiert aber nach telefonischer Absprache unter Tel. 0 91 26/74 37 oder 0 91 26/2 95 57 48 nach Möglichkeit eine Besichtigung, auch für Gruppen. Jeweils am dritten Sonntag im Juli und in der Regel am jährlichen Tag des offenen Denkmals im Herbst bringen Vereinsmitglieder Interessierten den Wasserturm mit seinem Innenleben näher und führen den Widder vor. Informationen auch unter www.wasserturm-tauchersreuth.jimdo.com. Im Norden von Tauchersreuth liegt talabwärts Beerbach, das bequem mit einem Spaziergang zu erreichen ist. Die Dorfkirche, die ihre heutige Gestalt im Jahr 1488 erhielt, ist täglich von 9 bis 17 Uhr geöffnet. Bedeutendstes Kunstwerk ist der spätgotische Flügelaltar aus der Werkstatt von Michael Wolgemut. Glasmalerei, Totenschilde und andere Ausstattungsdetails erinnern an frühere Patronatsfamilien. Nicht weit entfernt kann man das Laufer Wenzelschloss mit seinem Wappensaal (Fundort 20) besichtigen.

20 Machtanspruch in Stein
Der Wappensaal im Wenzelschloss von Lauf

Er ist gerade mal acht auf sechs Meter groß, besitzt drei Fenster und zwei Türen und ist doch der bedeutendste Innenraum von Lauf: der sogenannte Wappensaal im Wenzelschloss, einer repräsentativen Wasserburg in der Pegnitz.

Die kleine Halle hat viel gesehen, die unterschiedlichsten Nutzungen haben über fast 650 Jahre hinweg Spuren und Narben hinterlassen. Ab 1504 war dort die Küche des Nürnberger Pflegamtsschlosses untergebracht, im 19. Jahrhundert zog das Grundbuchamt ein und von 1939 bis 1983 tagte hier das Amtsgericht. Bis zum Jahr 2013 war der Raum mitunter von Professoren und Studenten der Nürnberger Akademie der Bildenden Künste belegt, die seit 1985 im Wenzelschloss eine Außenstelle unterhielt. 1934 in seiner ursprünglichen Bedeutung wiederentdeckt und 1939 vorbildlich restauriert, hat sich der Wappensaal zunehmend auch zu einem Anziehungspunkt historisch interessierter Besucher aus allen Himmelsrichtungen entwickelt. Viele kommen aus der heutigen Tschechischen Republik.

Von Fachleuten einhellig als »eines der eindrucksvollsten Beispiele gotischer Innenraumkunst in Deutschland« und als »einzigartig in Europa« gepriesen, öffnet sich dem Besucher in der Tat eine architektonische und vor allem heraldische Kostbarkeit ersten Ranges. Der Saal mit der ursprünglichen Bezeichnung »Kaiserkammer« ist ein repräsentativer Aufenthaltsraum, geschaffen für eine Persönlichkeit des Mittelalters, der nicht nur Lauf seine Stadtwerdung und erste Blütezeit, sondern darüber hinaus auch Nürnberg und Prag, Sulzbach und Auerbach, Erlangen und Neustadt an der Waldnaab, Tangermünde und Prichsenstadt und viele andere Städte und Märkte sehr viel zu verdanken haben: Karl IV. (1316–1378), König von Böhmen, deutscher König, Kaiser des Heiligen Römischen Reiches.

Der hoch begabte, »europäisch« gebildete und tief religiöse Monarch aus dem Hause Luxemburg hatte die Idee, seine Territorien Böhmen, Mähren und Schlesien durch eine Landbrücke mit seinen luxemburgischen Stammlanden zu verbinden und somit die Hausmacht seiner Dynastie entscheidend zu stärken. Dieser Plan blieb Stückwerk,

Der Wappenfries im Wenzelschloss ist von herausragender Bedeutung.

doch ein erster Schritt wurde getan und »Karls Land zu Baiern« erworben, das Gebiet zwischen Böhmerwald und den Toren der Stadt Nürnberg entlang der »Goldenen Straße« Nürnberg–Prag.

Aus dem günstig am Flussgefälle der Pegnitz und an wichtigen Straßenverbindungen gelegenen Marktflecken Lauf wurde ein bedeutender westlicher Vorposten Böhmens. Die Erinnerung an diese Zeit, in der Karl mehr als 50-mal durch Lauf reiste, wird heute noch vom Wenzelschloss und vor allem durch seinen Wappensaal bewahrt. Der böhmische Patron Wenzeslaus ist nicht nur im Namen der Burg gegenwärtig, er steht auch als große Plastik am Torturm und ist als kleines Relief in einer Fensternische des Saales zu sehen.

Karl IV. war mehr als sein halbes Leben »dienstlich« unterwegs. Seine Burg zu Lauf als ein gelegentliches Reisequartier zu deuten, wäre jedoch verfehlt. Die ungewöhnliche, repräsentative Gestaltung der Wehranlage mit großzügig bemessenen, gewölbten Räumen geht weit über das hinaus, was man im Mittelalter als Raststätte selbst für allerhöchste Herrschaften vorsah. Karl hatte sicherlich die Absicht, im Zuge seiner hausmachtpolitischen Bestrebungen in Franken, nahe der von ihm sehr geschätzten Stadt Nürnberg, eine Nebenresidenz in Lauf zu errichten.

Es kam, wie so oft, ganz anders, aber der einstige Herrschaftsanspruch des böhmischen Königs ist als steinernes Programm, verkörpert durch über 100 in Sandstein gemeißelte, farbig gefasste und mit

Namen beschriftete Wappen von Angehörigen seines Hofstaates, von hohen Geistlichen und einflussreichen Städten, noch heute erhalten. Über dem sich in zwei Reihen an den Wänden entlangziehenden Wappenfries steht zentral auf dem Schlussstein des Deckengewölbes der zwiegeschwänzte, gekrönte Löwe – das böhmische Wappentier des Haus- und Landesherrn Karl.

Hausmachtdenken gehört – hoffentlich – in Zeiten eines zusammenwachsenden Europas mehr und mehr der Vergangenheit an. Geblieben sind aber die grenzüberschreitenden historischen, kulturellen und geistigen Beziehungen, die heute dem Betrachter der Wappen im Laufer Saal eindrucksvoll vor Augen geführt werden.

Ewald Glückert

INFOS

Der Innenhof der Burg ist täglich von 8 bis 18 Uhr zugänglich. Führungen durch den Wappensaal, wo sich Brautpaare das Ja-Wort geben können, werden nach telefonischer Anmeldung unter Tel. 0 91 23/18 42 22 von der Stadt Lauf angeboten. Dort oder unter Tel. 0 91 23/98 84 17 kann man sich auch über Stadtführungen informieren, die das Wenzelschloss und den Wappensaal einbeziehen. Eine solche allgemeine Führung ohne Anmeldung gibt es jeden Samstag ab 14 Uhr. Treffpunkt ist die Johanniskirche am Marktplatz. Im Laufer Zentrum mit dem historischen Marktplatz und den beiden gut erhaltenen Stadttoren ist das Industriemuseum an der Pegnitz sehenswert. Im Ortsteil Tauchersreuth kann die alte Wasserversorgungsanlage erkundet werden (Fundort 19).

21 Beten im Omnibus
Die Herrschaftslogen in der Altdorfer Laurentiuskirche

Am 29. Juni 1623 feierte Altdorf die Gründung seiner Universität mit großem Zeremoniell. Allein der Festakt in der Kirche St. Laurentius mit Begrüßungsansprache, Predigt, Vortrag der Verleihungsurkunde, Dankesreden und Glückwunschadressen zog sich mehr als fünf Stunden hin. Das Landstädtchen vor den Toren Nürnbergs hatte auch allen Grund zum Feiern: Nach knapp 50 Jahren war die Akademie endlich zur Hochschule erhoben worden.

Die eindrucksvollen Renaissance-Bauten der reichsstädtischen Universität gehören zu Altdorf wie die Kaiserburg zu Nürnberg. Über 20 000 Studenten, unter ihnen Wallenstein, Harsdörffer und Leibniz, durften sich hier im Zeitraum bis 1809 ausbilden lassen. Den Garaus machten der Altdorfina schließlich der wirtschaftliche Niedergang Nürnbergs und die Konkurrenz der neu gegründeten Landesuniversitäten.

Dabei haben Kapazitäten von europäischem Rang in Altdorf gelehrt und geforscht. Die Professoren genossen etliche Privilegien. Abgesehen von einer relativ großzügigen Besoldung verfügten die Hochschullehrer über geräumige Wohnungen in den Seitenflügeln der Alma Mater. Auch durften sie sich über regelmäßige Holz- und Getreidezuwendungen freuen. Das steuerfreie Brau- und Schankrecht der Universität nutzten die Gelehrten weidlich: Im Winter 1660 beispielsweise ließ Professor Ludwell 547 Eimer (eine damals gebräuchliche Maßeinheit) Bier sieden.

Welche gesellschaftliche Stellung die Professoren und die Hochschulleitung innehatten, ist bis heute in der Laurentiuskirche ablesbar. Das evangelische Gotteshaus mit seinem spätgotischen Chor und dem ausladenden barocken Langhaus wirkt für ein Ackerbürgerstädtchen ausgesprochen geräumig. Doch die Größe erklärt sich eben durch den Umstand, dass man es mit einer alten Universitätskirche zu tun hat. An ihrem Altar waren einst 1124 Theologen ordiniert worden.

Ungewöhnlich ist das herrschaftliche Gestühl der Stadtpfarrkirche. Am Übergang vom Kirchenschiff zum Chor befinden sich auf beiden Seiten die Logen, dic durch Schiebefenster verschließbar waren. In

Die Glaskästen am Übergang zum Chor waren sogar beheizbar.

diesen Glaskästen, im Volksmund »Omnibusse« genannt, durften linker Hand die Frauen der Professoren, gegenüber die Familie des Pflegers Platz nehmen. Im Gegensatz zum Kirchenschiff waren die Logen beheizbar: »Da konnte man im Winter ein Öfchen aufstellen«, zitieren Heimatforscher aus alten Unterlagen.

Der Pfleger, Stellvertreter der Reichsstadt Nürnberg in Altdorf, thronte an prominenter Stelle in der sogenannten Herrenloge an der Nordwand des Chores gegenüber der Kanzel. Auf den Bänken der Seitenemporen im Kirchenschiff drängelten sich vor allem die Studenten, für die der Gottesdienstbesuch Pflicht war. Sie saßen dort unter den gestrengen Blicken der Professoren, die sich um den Rektor gruppierten. Dessen Sitz auf der Westempore über dem Haupteingang erhielt durch einen Baldachin mit dem Reichsadler und dem Wappen der Reichsstadt besonderes Gewicht.

Sitzordnung und Standesunterschiede gehören in der Kirche längst der Vergangenheit an. Weder »Omnibusse« noch Logen für Pfleger und Rektor sind heute für irgendwelche Honoratioren reserviert. Aus dem Dekanat heißt es: »Da kann jeder rein. Die werden ganz normal wie alle anderen Plätze von den Gläubigen benutzt.«

Horst M. Auer

INFOS

St. Laurentius ist tagsüber normalerweise nicht verschlossen. Das Universitätsmuseum in Altdorf, Neubaugasse 5, bietet einen Streifzug durch die Geschichte der Altdorfina. Dazu informiert es über das Leben der Studenten und die herausragenden wissenschaftlichen Leistungen der kleinen Hochschule. Der Museumshof, das »Doktorsgärtlein«, wo im kleinen Rahmen der ehemalige botanische Garten der Altdorfina nachempfunden wird, lädt zur Erholung und zum Studium von über 200 Pflanzenarten ein. Das Museum ist in den Sommermonaten Samstag und Sonntag von 14 bis 17 Uhr geöffnet, bei Bedarf für Gruppen oder im Rahmen von Stadtführungen auch unter der Woche. Weitere Informationen beim Kulturamt der Stadt Altdorf unter Tel. 0 91 87/8 07 12 41.

22 Die ehrbaren Honigschneider
Das Zeidlermännchen von Feucht

Nur ein paar Schritte von der Hauptstraße entfernt liegt im Ortskern von Feucht in einem Park ein kleiner Herrensitz. Ein schmaler Graben zieht sich darum und deutet darauf hin, dass hier einmal ein Wasserschloss gestanden hat. Über dem Eingang, in das Mauerwerk des Fachwerkgebäudes eingelassen, ein rundes Relief: Ein Knabe zielt mit einer Armbrust in den Himmel.

Die Figur knüpft eine Verbindung zu einem wichtigen Aspekt in der langen Geschichte des Ortes. Denn der Junge mit der Armbrust ist ein Zeidlermännchen. Wie die Orte Schwaig, Fischbach und Birnthon ist auch die Marktgemeinde Feucht einst aus einer Ansammlung von Zeidlergütern entstanden. Rund 50 von ihnen lagen im 14. Jahrhundert in den Wäldern rund um Nürnberg verstreut.

»Zeideln«, das bedeutet Honigwaben aus dem Bienenstock herauszuschneiden, die »Zeidler« waren die Honigschneider und im Mittelalter Angehörige eines angesehenen Berufsstandes. Anders als heute, wo die Imkerei bestenfalls ein Hobby ist und der Verkauf von Honig höchstens zum kleinen Nebenerwerb taugt, war der Besitz von Bienenstöcken und die Gewinnung von Honig im Mittelalter ein Privileg, das nur durch Vererbung oder Heirat erworben werden konnte.

Als einziges Süßungsmittel für Speisen und Getränke wurde der Honig nicht nur für die Lebküchnerei verwendet, deren süße Köstlichkeiten auch bei Hofe geschätzt waren. Er war ebenfalls Grundlage für Salben und Umschläge. Das Wachs der Waben wurde für die Herstellung von Kerzen und Seilen sowie für die Politur von Möbeln und Leder benutzt.

Ein Bienenstock hatte deshalb etwa den Wert einer ausgewachsenen Kuh. Die Zeidler, die meist mehrere Stöcke und oft noch eine Landwirtschaft besaßen, waren also Großverdiener. Erst mit Bekanntwerden anderer Süßstoffe wie Rohr- und Rübenzucker im 17. Jahrhundert verloren sie ihre wirtschaftliche Bedeutung.

Karl IV. hatte den Zeidlern um Nürnberg im königlichen Privileg von 1350 die alleinigen Nutzungsrechte für die Ausbeutung der Bienenstöcke übertragen. Von ihren Einnahmen mussten sie eine Honig- und Wachsprobe von einem »Zehnt« zahlen. Doch die Zeidler bekamen

Das Zeidlermännchen symbolisiert eine alte Handwerkszunft.

nicht nur ein Lehen: Karl IV. befreite ihre Produkte auch vom Zoll und erlaubte ihnen das Tragen einer eigenen Tracht sowie der Armbrust zum Schutz gegen Bären und Räuber. Im Gegenzug übernahmen die Zeidler den Schutz der Wälder, leisteten Fron- und Kriegsdienst und stellten die Leibwache des Kaisers bei Hofe.

Die Gemeinde Feucht, die an der Fernhandelsstraße von Nürnberg über Regensburg nach Wien lag, gewann durch die Zeidler außerordentlich an Bedeutung. Der Ort entwickelte sich zum Zentrum des Zeidlerwesens und war bis 1779 Sitz des Zeidelgerichtes. Das Gebäude befand sich nur einen Steinwurf entfernt vom kleinen Wasserschloss, über dessen genaue Bedeutung nichts bekannt ist. Das ehemalige Zeidelgericht steht im Gegensatz zum Wasserschloss noch heute und wird als Musikschule genutzt.

Isabel Kretz

INFOS

Das 2009/2010 aufwendig sanierte Zeidlerschloss ist neben dem Pfinzingschloss und dem Tucherschloss eines von drei Schlössern in Feucht. Seit 1976 ist es im Besitz der Marktgemeinde, die den alten Herrensitz für Veranstaltungen nutzt und auch für Familienfeiern und Feste vermietet. Das Feuchter Zeidelmuseum (Pfinzingstraße 6, Tel. 0 91 28/1 21 84) ist sonntags von 13.30 bis 17.30 Uhr und nach Vereinbarung geöffnet. In der Nähe kann der alte Brückkanal (Fundort 24) besichtigt werden.

23 Heil in der Schlucht

Die Wolfgangsquelle bei Röthenbach/St. Wolfgang

Von Röttenbach bei Erlangen bis Röthenbach nahe Altdorf gibt es in der Region in verschiedenen Schreibweisen eine ganze Reihe von Gemeinden, Städten und Stadtteilen, die so heißen. Nicht umsonst trägt Röthenbach, ein Ortsteil von Wendelstein, die Zusatzbezeichnung »bei Sankt Wolfgang«.

Dieser Beiname, der erstmals im Jahr 1550 in einer Urkunde auftaucht, ist ein untrüglicher Hinweis darauf, dass in der näheren Umgebung des Ortes eine bedeutende Andachtsstätte existiert haben muss. Heute sind von dem jahrhundertealten und einst sehr beliebten Wallfahrtsziel kaum noch Spuren vorhanden. Selbst Einheimische kennen den versteckten, geheimnisumwitterten Platz nicht mehr.

Chroniken berichten von einer Wolfgangskapelle und einer Wolfgangsquelle, die bis zur Reformationszeit bei Gläubigen von nah und fern hoch im Kurs standen. Die Pilgerstation befand sich in der Gauchsbachschlucht bei Schloss Gugelhammer. Dieser alte Patriziersitz liegt in Sichtweite des Ludwigskanals hinter großen Bäumen versteckt.

Ein Hochwasser zerstörte die Kapelle im Jahr 1732. Reste der Kultstätte sind bis heute erhalten: Mehrere Nischen und ein Wappen in den Felswänden, Steintreppen und der in den Sandstein gehauene, durch ein altersschwaches Holztor verschlossene Quellbrunnen sind die heute noch vorhandenen Relikte der Heiligenverehrung jener Zeit.

Der Wolfgangskult geht auf den Heiligen zurück, der laut Überlieferung als Gelehrter, Missionar und Bischof von Regensburg wundertätig wirkte. Er lebte von 924 bis 994; sein Namenstag wird alljährlich am 31. Oktober begangen. Eine der bedeutendsten Wolfgang-Wallfahrtsstätten wurde im 14. Jahrhundert Sankt Wolfgang in Oberösterreich. Große Pilgerzüge bewegten sich damals aus dem Norden in Richtung Salzkammergut. Unterwegs machten die Gläubigen gerne Rast an Wolfgang-Erinnerungsstätten – so auch am Gauchsbach am Ortsrand von Röthenbach.

Dort hatte Schlossbesitzer Sigmund Fürer der Jüngere im Jahr 1561 auf dem felsigen Gestein über der Quellenhöhle eine Kapelle errichten

In der Sakristei der Wolfgangskirche befindet sich ein Schlupfaltar.

lassen. Dem »Wolfgangswasser« schrieb man heilkräftige Wirkung zu. Angeblich half das Quellwasser bei Augenentzündungen, Kreuzschmerzen und Gliederreißen. Es wird berichtet, dass sich Rheumakranke mit dem Rücken an die Felswand lehnten, um durch den Kontakt Linderung zu erfahren. In angedeuteter Form sind die in Stein gehauenen Bänke noch erkennbar.

In der Sakristei der Röthenbacher Wolfgangskirche hat sich ein sogenannter Schlupfaltar erhalten, der ebenfalls mit dem Kult in Verbindung gebracht wird. Vorbilder sind – wie auch das Anlehnen an die

Felswand – von der Wallfahrtsstätte am österreichischen Wolfgangsee bekannte Praktiken: Kranke, die betroffene Körperteile durch die Öffnung des Altars zwängten, durften der Legende nach hoffen, von ihrem Leiden zu genesen.

Horst M. Auer

INFOS

Röthenbach bei St. Wolfgang liegt am Ludwigskanal südlich von Nürnberg. Am östlichen Ortsausgang überquert der Ludwigskanal den Gauchsbach; Schloss Gugelhammer steht ganz in der Nähe dieser Wasserkreuzung. Unten in der kleinen Schlucht gegenüber dem Schloss befinden sich die Reste des Wolfgang-Heiligtums. Wer sich für den Schlupfaltar in der Sakristei der Wolfgangskirche interessiert, kann sich mit dem Pfarrbüro (Tel. 0 91 29/42 73) in Verbindung setzen. Ein schöner Spaziergang bietet sich auf dem alten Treidelpfad entlang des Ludwigskanals zum Brückkanal (Fundort 24) an.

24 Brücke mit Innenleben

Der Brückkanal des Ludwigskanals bei Schwarzenbruck

Selten findet man eine glücklichere Kombination aus Denkmal der Baukunst, ökologischer Ruhezone und Naherholungsgebiet als in der Gegend um den Ludwigskanal im Süden von Nürnberg. Spaziergänger und Radfahrer schätzen die Abgeschiedenheit des einstigen Schifffahrtswegs, der biedermeierliche Beschaulichkeit ausstrahlt und mit seinen alten Schleusentoren ein Stück deutscher Technikgeschichte darstellt.

König Ludwig I. von Bayern ließ in fast zehnjähriger Bauzeit umsetzen, was schon Karl der Große 793 bei Treuchtlingen begonnen hatte: eine schiffbare Wasserstraße vom Main zur Donau und damit von der Nordsee bis zum Schwarzen Meer. 1846 war der Ludwigskanal unter großem Jubel eröffnet worden. Fünf Tage betrug die Fahrzeit für die 173 Kilometer lange Strecke Kelheim–Bamberg mit ihren 100 Schleusen. Doch nur bis 1863 arbeitete der Main-Donau-Kanal rentabel, dann ging es wirtschaftlich bergab. Zerstörungen im Zweiten Weltkrieg brachten das endgültige Aus.

Die technisch anspruchsvollste Strecke ist heute aber noch gut erhalten. Bei Schwarzenbach, Dörlbach und Ölsbach waren für die Kanaltrasse über 20 Meter hohe Dämme aufzuschütten oder tiefe Einschnitte in den Bergrücken zu graben. Ein weiteres Meisterwerk ist der Brückkanal in der Nähe des Schwarzenbrucker Ortsteils Gsteinach.

Dort überspannt die Wasserstraße in einem eleganten Bogen die Schwarzach. Mithilfe des gemauerten Übergangs kreuzten die Treidelschiffe das Tal in 18 Meter Höhe. Bei einer Länge von 90 und einer Spannweite von fast 14 Metern war das Viadukt das größte von insgesamt zehn Bauwerken dieser Art entlang des Main-Donau-Kanals.

Kaum bekannt ist, dass der Brückenschlag über die Schwarzach erst im zweiten Anlauf gelang. Die erste Konstruktion von 1839/41 hatte sich nämlich als fehlerhaft erwiesen. Drei Jahre nach ihrer Fertigstellung musste sie wieder abgetragen werden. Offenbar hatte man die Holzpfeiler nicht tief genug im Boden verankert. Fatalerweise war auch die als Füllmaterial verwendete Erde in den Hohlräumen feucht geworden und aufgequollen, was dazu führte, dass das Mauerwerk auseinanderbrach.

Wie eine kleine Halle wirkt der Innenraum des Brückkanals.

1844 bauten italienische Steinmetze die Brücke wieder auf. Das Werk ist nicht nur architektonisch gelungen, sondern hat auch ein Innenleben: einen begehbaren Hohlraum von 26 Meter Länge und über zehn Meter Höhe. Mit seinem gemauerten Spitzbogen-Gewölbe mutet er beinahe sakral an. Mancher Betrachter hat ihn angesichts des Hallencharakters schon mit einer Krypta oder gar einem gotischen Kirchenschiff verglichen. »Das ist kein reiner Zweckbau, sondern ein fantastisch gemachter Monumentalbau«, schwärmen Fachleute vom Brückkanal.

Horst M. Auer

INFOS

Das Innere des Brückkanals ist nur zu bestimmten Anlässen zugänglich, beispielsweise am jährlich im Herbst wiederkehrenden Tag des offenen Denkmals. Betreut wird der Ludwigskanal vom Wasserwirtschaftsamt Nürnberg (Tel. 09 11/23 60 90), wo sich Gruppen nach Führungen erkundigen können. Bei der Behörde ist auch ein Faltblatt über die historische Wasserstraße erhältlich. Am Brückkanal, wo sich Ludwigskanal und Schwarzach kreuzen, liegen Start- und Zielpunkt eines sechs Kilometer langen Rundwegs, den das Wasserwirtschaftsamt als Lehrpfad angelegt hat. Im nahegelegenen Feucht kann man der Zunft der Zeidler (Fundort 22) auf den Grund gehen.

25 Wahrzeichen der Drahtbarone
Die Heckel-Madonna von Allersberg

Wer durch das Westtor den Allersberger Marktplatz betritt, ist überrascht vom nahezu südländischen Charme einiger Baudenkmäler. Neben dem palastähnlichen Gilardi-Haus imponiert vor allem das Heckel-Haus mit seiner barocken Fassade. Unwillkürlich fällt der Blick auf ein Wahrzeichen der Marktgemeinde im Landkreis Roth: den Madonnenturm. Er erinnert an zwei Fabrikanten, die als »Drahtbarone« in die Ortsgeschichte eingegangen sind.

Johann Georg Heckel ist es gewesen, der 1689 in Allersberg die erste leonische Drahtmanufaktur gründete. In Freystadt in der benachbarten Oberpfalz hatten sich Hugenotten, Glaubensflüchtlinge aus Frankreich, niedergelassen und die Handwerkskunst mitgebracht. Drahtzieherei bedeutete hauptsächlich die Herstellung von Gold- und Silberdrähten sowie von Gespinsten für feine Gewänder und Uniformen.

Heckel hatte zunächst wenig geschäftlichen Erfolg. Für den erhofften Aufschwung sorgte erst Sybilla Maurer, die eines schönen Tages von Freystadt nach Allersberg übergesiedelt war. Sie brachte aus der Firma ihres Vaters die nötigen Produktionskenntnisse mit und heiratete schließlich Heckels Sohn Hans Jörg. Nach dessen frühem Tod ehelichte sie Jakob Gilardi, einen mailändischen Kaufmann, der zu dieser Zeit in Nürnberg beschäftigt war. Die Allersberger überflügelten bald die Freystädter. Den leonischen Draht machten sie sogar weltberühmt.

Heckel und Gilardi, die beiden gegen Ende des 18. Jahrhunderts geadelten Familien, sorgten mit ihren Gewerbebetrieben für wirtschaftliche Blüte und für Wohlstand in der Marktgemeinde. Die Fabrikbesitzer häuften ein Vermögen an und konnten es sich leisten, für ihre Bauten den weithin bekannten Eichstätter Hofbaumeister Gabriel de Gabrieli zu engagieren. Der fürstbischöfliche Architekt zeichnete unter anderem für die barocke Gestalt des Heckel-Hauses nebst Anbauten verantwortlich. 1723 begann Gabrieli mit der Errichtung des Gilardi-Hauses.

Seine Manufaktur hatte Hans Jörg Heckel unter den Schutz der Mutter Gottes gestellt. Zu Ehren Mariens stellte der Drahtbaron eine vergoldete Statue in einer »Thurmlunette des Herrenhauses« auf. Die Figur in der Laterne auf dem Dach des Turmes wird noch heute »Madonna mit dem Kind im Strahlenglanz« genannt. Es ist das Wahrzeichen der Drahtzieher.

Das Wahrzeichen der Drahtzieher: Madonna mit dem Kind im Strahlenglanz.

Bei Renovierungsarbeiten im Jahr 1924 fand man im Turmaufsatz eine Blechdose mit einer schriftlichen Verfügung der Heckels von 1733. Darin verpflichtete sich die Familie, zu Ehren Mariens und zur Abwehr von Feuer, Krankheiten und Kriegsgefahr »alle Sonabent und Frauenabent« zwei Öllichter anzuzünden. 1868 wurde der fromme Brauch erneuert, denn in einer weiteren Urkunde versprach der damalige Fabrikbesitzer »bezüglich des Beleuchtens dieses Madonnenbildes« ebenfalls, die Mutter Gottes auf diese Weise zu ehren, »solange seine Mittel und seine Macht es erlauben«.

Horst M. Auer

INFOS

Allersberg (Kreis Roth) liegt an der Autobahn A9 Nürnberg–München. In der Ortsmitte von Allersberg ist das Türmchen mit der Madonna nicht zu übersehen. Auch in der Pfarrkirche Maria Himmelfahrt stößt man auf die Namen der Drahtbarone. Die Ausstattung wurde in erster Linie von den Familien Gilardi und Heckel gestiftet. Beherrscht wird der Innenraum vom größten Deckenfresko der Diözese Eichstätt. Die Kirche beherbergt acht kunstvolle Grabdenkmäler von Allersberger Persönlichkeiten des 18. Jahrhunderts. Etwa 2,5 Kilometer südöstlich der Marktgemeinde erstreckt sich der Rothsee.

26 Gluck muss man haben!
Das Denkmal für Christoph Willibald Gluck in Weidenwang

Das Denkmal steht in Weidenwang, einem kleinen Ortsteil von Berching im Landkreis Neumarkt, an exponierter Stelle direkt an der Hauptstraße. Es zeigt Christoph Willibald Gluck (1714–1787), auf einem Steinsockel stolz in die Ferne blickend. Dass ausgerechnet ihre Bronzebüste des berühmten Komponisten das Zeugnis eines scheinbaren historischen Irrtums ist, ärgert niemanden mehr als die Einheimischen selbst.

Nur mit einem Kraftakt schafften es die Weidenwanger vor fast 130 Jahren, genug Geld für ihr ehrgeiziges Projekt zusammenzutragen. Am 4. Juli 1871 konnten sie den Stein enthüllen. Dass ein Domkapitular aus Eichstätt im Jahr 1914 herausfand, dass Gluck gar nicht in Weidenwang geboren sein konnte, war schlimm genug. Doch es kam noch dicker: Besagter Würdenträger bestand darauf, dass der weltberühmte Opern-Reformer das Licht der Welt in Erasbach erblickt habe. Das liegt nur einen Kilometer von Weidenwang entfernt.

Damit war der Zwist zwischen den beiden Berchinger Ortsteilen programmiert. »1914 hat die Nachricht fast eine Revolte in Weidenwang ausgelöst«, berichtete Hans Rosenbeck, Kulturreferent der Stadt Berching. »Die Feier am Gluck-Denkmal zum 200. Geburtstag des Tondichters konnte nur unter Polizeischutz stattfinden.« Domkapitular Franz Xaver Buchner reagierte auf die Empörung mit Diplomatie: Gluck habe »in diesem schönen Tal« das Licht der Welt erblickt, sagte er.

Doch das »echte« Geburtshaus können wohl die Erasbacher vorweisen. Folgt man Buchners Überlegungen, dann baute es Glucks Vater Alexander 1713 in Erasbach, wo er bereits vorher mit seiner Ehefrau Maria Walburga gewohnt hatte. In die Irre führte die Weidenwanger zweierlei: Gluck war 1714 in Weidenwang getauft worden. Auch der Taufpate, der Gastwirt Christof Fleischmann, stammte aus Weidenwang. Doch Buchner entkräftete diese Hinweise: Das Taufbuch sei damals in Weidenwang geführt worden, erst nach Christoph Willibalds Geburt habe es sich eingebürgert, im Geburtsregister ein »E« oder ein »W« als Hinweis auf den Geburtsort zu vermerken. Zudem sei das vermeintliche Gluck-Geburtshaus in Weidenwang erst 1724 errichtet worden.

Die Weidenwanger ehren den Komponisten mit einem Ehrendenkmal.

Am 4. Juli 1871 ahnten die Gluck-Anhänger noch nicht, was auf sie zukommen würde. In drei Jahren hatten die Weidenwanger 2 700 Gulden für das Denkmal zusammengetragen. »Dafür hätte man damals ein stattliches Bürgerhaus bauen können«, erläutert Kulturreferent Rosenbeck. Doch 1871, im Jahr der Reichsgründung, sei Nationalstolz schick gewesen. Und die Einheimischen erinnerten sich an »ihren« genialen Sohn, um sich mit ihm zu schmücken.

Der bayerische König öffnete erst nach einer Bedenkzeit seine Schatulle und stiftete 400 Gulden. Der preußische Regent spendierte 100 Taler, der Kaiser von Österreich ebenfalls. Bittbriefe der Weidenwanger gingen in alle Welt. Mit der Gestaltung des Denkmals wurde Professor Konrad Knoll beauftragt.

3 000 Festgäste kamen schließlich zur Einweihung des Denkmals. Der Ort war geschmückt mit Fahnen in den bayerischen und in den deutschen Farben, mit Girlanden und Triumphbögen. Für den Anlass war eigens ein Lied komponiert worden. So begeistert die Menge an jenem Tag war, so aufgebracht war sie 43 Jahre später. Und noch heute streiten sie sich um den Gluck, die Erasbacher und die Weidenwanger.

Ute Möller

INFOS

Das Gluck-Denkmal befindet sich direkt an der Hauptstraße in Weidenwang. In Erasbach schmückt eine Erinnerungstafel das »echte« Geburtshaus, daneben steht zum Andenken an den Komponisten eine überdimensionale Leier. Auch wenn erst 2014 wieder ein Hobby-Historiker den Streit um den Geburtsort befeuerte: So oder so gehört Gluck zur Stadt Berching, die ihren berühmten Sohn auf vielfältige Weise ehrt: Im Museum (geöffnet von Mai bis Oktober) macht eine Ausstellung mit Multimedia-Präsentation die Besucher mit Leben und Werk des Künstlers bekannt. Auf dem Gluck-Wanderweg folgt man seinen Spuren zwischen dem Geburtsort Erasbach und dem Taufort Weidenwang. Auskünfte beim Tourismusbüro in Berching, Pettenkoferplatz 12, Tel. 0 84 62/2 05 13.

27 Im Tod sind alle gleich
Die Friedhöfe von Dietkirchen und Segringen

Rote Rosen sind nicht unbedingt die Art von Blumen, die man sich gemeinhin als Grabschmuck vorstellt. In manchen Gegenden war zeitweise sogar streng darauf geachtet worden, dass auf dem Friedhof keine roten Blumen, die Zeichen weltlicher Lebensfreude, erblühten.

Anders in Dietkirchen, einem dörflichen Flecken östlich von Neumarkt in der Oberpfalz: Nach roten Tulpen im Frühjahr wachsen auf allen Gräbern im Sommer rote Rosen. In dieser Jahreszeit entfaltet die »Cornado von Cordes« genannte Rosensorte ihre volle Pracht und verwandelt das Gelände in ein duftendes Blumenmeer. Der verschlafene Gottesacker ist einer der wenigen Rosenfriedhöfe in ganz Deutschland und dadurch zu einer kleinen Touristenattraktion geworden.

Dass auch immer wieder auswärtige Besucher anzutreffen sind, hat einen weiteren Grund. Auf dem Rosenfriedhof findet sich nämlich kein einziger Grabstein. Stattdessen sind die letzten Ruhestätten nach alpenländischer Tradition mit wunderschönen schmiedeeisernen Kreuzen geschmückt. Besonders im süddeutschen Raum, in Österreich und in der Schweiz kennt man die kunstvoll geschmiedeten Grabkreuze mit vergoldetem Blatt- oder Blütenwerk aus getriebenem Eisen. Und mit Kränzen, die aus dünnen Eisenstäben geflochten sind, und die als Symbole der Unendlichkeit betrachtet werden.

Das Verdienst von Pfarrer Johann Baptist Weis ist es, dass der Dietkirchener Friedhof in Nordbayern eine Rarität ist. Hochwürden war 1928 in das abgelegene Kirchdorf versetzt worden und begann alsbald damit, die teils schon arg verwitterten Grabmäler aus Stein und Holz durch filigrane Eisenkreuze zu ersetzen.

Der Pfarrer, so wird erzählt, habe höchstpersönlich eine Vielzahl ausrangierter, uralter Grabkreuze in der näheren und weiteren Umgebung gesammelt und mit dem Mofa nach Dietkirchen gebracht. Nur in einem Fall musste er schwere Überzeugungsarbeit leisten, um einen Bürger von seinem Vorhaben abzubringen, einen neuen, großen Grabstein aufzustellen: Der Pfarrer brachte den Stein kurzerhand zum Steinmetz zurück und erreichte die Rückerstattung des Kaufpreises.

Kunstvolle Grabkreuze aus Holz und Schmiedeeisen findet man in Segringen und Dietkirchen.

Wie die schmiedeeisernen Kreuze Dietkirchen machen schwarze Holzkreuze den Friedhof von Segringen bei Dinkelsbühl zu einem kulturhistorischen Kleinod. Auch hier sind Grabmale aus Stein verpönt. Seit Beginn des vorigen Jahrhunderts – nach anderen historischen Quellen schon sehr viel länger – werden die hölzernen Grabkreuze nach gleich bleibendem Muster gezimmert und schwarz bemalt. Fromme Sprüche, die neben den Namen der Verstorbenen in goldener Schrift auf den knapp hundert Kreuzen prangen, machen die Begräbnisstätte zu einer biblischen Zitatensammlung. Seit den 1970er-Jahren steht der Kirchhof bereits unter Denkmalschutz.

So ist der Friedhof von Segringen ebenfalls weit über die Region hinaus einmalig. Die Botschaft, die auch von den Dietkirchener Kreuzen ausgeht, lautet: Im Tod sind alle Menschen gleich.

Horst M. Auer

INFOS

Dietkirchen liegt einige Kilometer östlich von Neumarkt, Segringen westlich von Dinkelsbühl. Die Friedhöfe der beiden Orte sind leicht zu finden. Wer einen Abstecher nach Neumarkt unternehmen möchte, kann sich rund um Rathaus und Marktplatz am hübschen Stadtbild erfreuen oder das Museum Lothar Fischer, das Brauereimuseum und das Museum für historische Maybach-Fahrzeuge besuchen. Zu den herausragenden Sehenswürdigkeiten von Dinkelsbühl zählen das Münster St. Georg und die Stadtumwehrung.

28 Erbe des Feldherrn
Die Tilly-Fahne von Breitenbrunn

Blutige Schlachten des Dreißigjährigen Krieges haben ihre Spuren auf dem zerschlissenen Seidentuch hinterlassen: Die Tilly-Fahne, die einen Ehrenplatz im Breitenbrunner Rathaus einnimmt, ist von den Ereignissen einer wechselvollen Vergangenheit gezeichnet. Das Regimentsbanner einer der schillerndsten Persönlichkeiten jener Epoche hängt hinter Glas an der Wand des Sitzungssaals. Auf der Vorderseite ist Maria mit dem Kind als Schutzpatronin Bayerns abgebildet, auf der Rückseite St. Sebastian.

Breitenbrunn im Landkreis Neumarkt in der Oberpfalz hat eine besondere Beziehung zu dem berühmten Feldherrn: Als Gegenleistung für treue Dienste erhielt Johann t'Serclaes Graf von Tilly am 2. Mai 1624 von Kurfürst Maximilian I. von Bayern die Herrschaft über den Markt samt Umgebung. Zur Erinnerung an den »Heiligen im Harnisch« feiert Breitenbrunn seit vielen Jahren im September das Tilly-Fest mit buntem Heerlager und historischem Festzug.

Die militärische Karriere des gottesfürchtigen Mannes hatte in spanischen und kaiserlichen Diensten begonnen. 1559 in der Provinz Brabant geboren, galt der Feldmarschall und spätere Reichsgraf als redlich und diszipliniert, dabei aber als hartherzig und selbstlos im Kampf: Wenn es sein musste, schritt er seinen Truppen mit gezogenem Schwert voran; er unterdrückte die Protestanten rücksichtslos und ließ auch gegen die Türken keine Gnade walten.

Tilly reorganisierte das bayerische Heer und siegte 1620 in der Schlacht am Weißen Berg bei Prag. Sechs Jahre später schlug er die Dänen bei Lutter am Barenberge und erhielt den Oberbefehl über die kaiserlichen Truppen und die katholische Liga. Damals, man schrieb das Jahr 1630, war der Generalissimus bereits 71 Jahre alt; er soll auf dem Reichstag in Regensburg über sich gesagt haben: »Ich habe nie einen Rausch gehabt, nie ein Weib berührt und nie eine Schlacht verloren.«

Letzteres zumindest sollte sich bis zu seinem Tod noch ändern. Tilly wurde vom schwedischen König Gustav Adolf 1631 beim Waffengang nahe Leipzig besiegt, ein gutes halbes Jahr später auch in Rain am Lech geschlagen und schwer verwundet. Er starb am 30. April 1632 in Ingolstadt.

Die Original-Fahne war 2007 bei der Tilly-Ausstellung in Altötting zu sehen.

An seinem Landbesitz hatte der Feldherr wenig Freude gehabt: Nur ein Mal, im Sommer 1624, weilte der Graf für wenige Tage in Breitenbrunn. Am 8. Juni dieses Jahres begleitete er bei einer Prozession das Allerheiligste. Bei seiner Abreise schenkte er der Kirche 100 Taler und ein kostbares Messgewand. Außerdem stiftete Tilly, der ein großer Verehrer der Mutter Gottes war, die Rosenkranzbruderschaft, die es heute noch gibt.

Durch seine Vermittlung gelang es überdies, eine gotische Monstranz, einst eine Votivgabe an die Ortskirche, wieder nach Breitenbrunn zurückzuholen. Die exquisite Arbeit eines Nürnberger Silberschmieds aus dem Jahr 1507 war mehr als 30 Jahre lang in München verwahrt worden. Dem Geschlecht der Tilly hat der Markt auch viele bauliche Schmuckstücke zu verdanken. Am Ende der Ära Tilly hatte sich zuletzt Gräfin Maria Anna Katharina von Montfort 1740 mit dem Bau des Schlosses ein Denkmal gesetzt.

Die Tilly-Fahne war vermutlich vom ersten Erben, Tillys Neffen Werner t'Serclaes, nach Breitenbrunn gebracht worden. Der Kurfürst Maximilian von Bayern hatte sie seinem Freund und Generalleutnant geschenkt. Neben zwei ähnlichen Bannern in Stockholm und München gilt die Breitenbrunner Fahne als die historisch wertvollste, weil sie als einzige eine persönliche Widmung Maximilians trägt: »Pro comite nostra gratiosissimo et populo nobis comisso« – Unserem überaus geschätzten Grafen und dem uns anvertrauten Volk.

Horst M. Auer

INFOS

Die Tilly-Fahne wird im Sitzungssaal des Rathauses (Tilly-Schloss) aufbewahrt. Zugang zu den normalen Öffnungszeiten des Rathauses. Am zweiten Sonntag im September findet das Tilly-Fest statt. Weitere Informationen unter Tel. 0 94 95/2 66. Die »Wildensteiner Monstranz« geht auf eine Stiftung des einflussreichen Geschlechts der Wildensteiner zurück. Das 83 Zentimeter hohe Meisterwerk ist von hohem künstlerischen und kunsthistorischen Wert. Mit seinen filigranen Türmchen und Fialen erinnert das Prunkstück des Breitenbrunner Kirchenschatzes ein wenig an den Schönen Brunnen auf dem Nürnberger Hauptmarkt. Die Monstranz wird nicht öffentlich ausgestellt, wird aber bei der Prozession zum Rosenkranzbruderfest am zweiten Sonntag im Oktober mitgeführt. Die Wildensteiner als Ritter in voller Rüstung sind auf fünf gut erhaltenen Grabsteinen, sogenannten Epitaphien, an den Seitenwänden in der Pfarrkirche verewigt.

29 Kerker der Seelen
Der Gredinger Karner

Die Martinskirche überragt Greding in doppeltem Sinn: Nicht nur, dass die Hanglage am oberen Rand des Altstadtrings einen weiten Blick über Ziegeldächer gewährt. Das Gotteshaus romanischen Ursprungs ist auch das historisch und künstlerisch bedeutendste Bauwerk des Städtchens im südlichen Landkreis Roth.

Die ältesten Teile des Turms stammen aus dem Ende des 11. Jahrhunderts, die der Kirche aus dem späten 12. Jahrhundert, also aus der Zeit Friedrich Barbarossas und der ersten Kreuzzüge. Im östlichen Seitenschiff befindet sich der wuchtige romanische Taufstein.

Rund um St. Martin stehen die Grabsteine des kleinen Gottesackers dicht an dicht. Die Friedhofskapelle St. Michael wurde gleichzeitig mit der Kirche errichtet. Im Untergeschoss befindet sich ein Karner, auch Beinhaus oder Gebeinhaus genannt. Dort lagern die Schädel und Knochen von etwa 2 500 Menschen. Greding besitzt den einzigen fränkischen Karner aus dieser Zeit und einen der letzten in ganz Bayern.

Besucher gehen durch eine schwere, altersschwache Tür, die schief in den Angeln hängt, und dann vier Stufen hinab ins Untergeschoss des Karners. Durch ein Rundbogenfenster fällt nur schwaches Licht in den gruftartigen Raum mit seinem Kreuzrippengewölbe und der Wandnische, wo einst Totenlichter zur Erinnerung an die Verstorbenen brannten.

Gegenüber dem Eingang trennt ein schwarzes Gitter den eigentlichen Seelenkerker ab: Gebeine über Gebeine, sorgfältig gestapelt vom Boden bis fast zur Decke und geordnet nach Arm- und Beinknochen, die Schädel obenauf. Am Holzgitter hängt eine kleine Tafel mit dem Spruch: »Was Ihr jetzt seid, das waren wir. Was wir jetzt sind, werdet ihr.«

Skelettbeisetzungen dieser Art soll es in Greding bis gegen Ende des 18. Jahrhunderts gegeben haben. Eingerichtet wurden Karner, die zum Inventar vieler Friedhöfe gehörten, im Hochmittelalter aus Platzgründen: Weil es auf den engen Friedhöfen nicht üblich war, Gräber mehrfach zu belegen, grub man die Gebeine aus und ermöglichte dadurch neue Bestattungen.

Selbstredend wollte die Geistlichkeit, dass die sterblichen Überreste würdevoll aufbewahrt wurden. Sorgfältig wurden auf kleinem Raum

Die Gebeine von rund 2 500 Toten lagern im Karner von Greding.

oft Tausende von Knochen aufgeschichtet. In der Regel baute man Karner – wie in Greding – doppelstöckig. Das Untergeschoss diente zur Aufbewahrung der Gebeine, der obere Teil als Kapelle. Die Hinterbliebenen sollten mit den Seelenhäuschen die Möglichkeit erhalten, die Gebeine ihrer Toten weiter zu verehren. Pietät den Toten gegenüber war manchmal nicht der einzige Grund für den Bau eines Karners. Oft spielte auch der Glaube eine Rolle, dass unbestattete Tote dem Zugriff böser Geister ausgesetzt sind.

Horst M. Auer

INFOS

Die Martinskirche, das Wahrzeichen Gredings, ist die größte romanische Basilika im Bistum Eichstätt. Kirche und Karner sind in der Regel täglich von 9 bis 18 Uhr geöffnet. Ansprechpartner auch für andere Sehenswürdigkeiten ist die Tourist-Information (Marktplatz 8, Tel. 0 84 63/9 04 20). In Greding sind die fast vollständig erhaltene Wehrmauer mit den 21 Türmen oder auch das barocke Jagdschloss der Eichstätter Fürstbischöfe ein Blickfang.

30 Engel mit dem Bombensplitter
St. Michael in der Georgskirche von Ellingen

Die Geschichte Ellingens, der »Perle des fränkischen Barock«, ist untrennbar mit den Geschicken des 1190 gegründeten Deutschen Ordens verbunden. Schloss und Rathaus, Kirchen und stattliche Bürgerhäuser: Macht und Glanz, Geist und Bedeutung des katholischen Ritterordens prägen bis heute das Erscheinungsbild des beschaulichen Städtchens.

Den Anstoß gab die Übertragung eines Spitals an den Deutschen Orden im Jahr 1216. Nach eher bescheidenen Anfängen avancierte Ellingen zum Amtssitz der Landkomture für die Ballei Franken. Diese war die reichste und mächtigste unter den insgesamt 13 deutschen Verwaltungsprovinzen. Ellingen gewann schließlich so stark an Gewicht, dass mehrere seiner 44 Landkomture zu Deutschmeistern aufstiegen.

Zu Beginn des 18. Jahrhunderts nahm der Marktflecken sogar den Charakter einer kleinen Residenzstadt an. Zuzuschreiben ist dies dem Repräsentationsbedürfnis des bedeutendsten Landkomturs Frankens, Carl Heinrich Freiherr von Hornstein. Er war es, der Baumeister Franz Keller 1718 den Auftrag zur Errichtung des prachtvollen Schlosses gab. Neben der imposanten Residenz entstanden in dieser Zeit auch der Hofgarten, das Rathaus mit seiner verschwenderisch verzierten Fassade sowie eine Vielzahl sehenswerter Wohnhäuser von wohlhabenden Bauern und Hofbeamten. Nicht zu vergessen das dreigeschossige Pleinfelder Tor, die Maximilianskirche und die Georgskirche.

St. Georg hat – wie viele andere Baudenkmäler und das Deutschordensstädtchen insgesamt – gegen Ende des Zweiten Weltkriegs einen unheilvollen Tag erlebt: Am 23. Februar 1945 luden alliierte Bomberverbände zur Mittagszeit ihre todbringende Fracht über Ellingen ab. Dem Luftangriff fielen 96 Menschen zum Opfer. Dutzende von Häusern lagen in Schutt und Asche.

Die barocke Pfarrkirche St. Georg, ein Werk des Ordensbaumeisters Franz Joseph Roth aus der Zeit um 1730, hatte es schlimm erwischt. Das westliche Seitenschiff war weggerissen worden. Gemälde und Fresken an den Decken waren stark beschädigt, die Altäre erheblich in Mitleidenschaft gezogen. Erst Ende 1953 konnte das Gotteshaus nach Wiederaufbau und Renovierung wieder geweiht werden.

Aus dem Fragment einer Bombe besteht das Schwert des Engels.

Erschüttert vom Ausmaß der Zerstörung war auch der damalige Kaplan Gregor Schneid. Als der Geistliche zusammen mit dem örtlichen Schmied fassungslos durch die Trümmer schritt, stellte er unter anderem fest, dass an der Figur von St. Michael das Schwert fehlte. Bei der weiteren Inspektion stießen die beiden Ellinger im Kirchenschiff auch auf die Reste einer Fliegerbombe. Angesichts der Metallteile kamen der Kaplan und sein Begleiter auf eine frappierende Idee: Warum sollte man aus den Fragmenten des Sprengkörpers, der mit seiner zerstörerischen Kraft für den Verlust gesorgt hatte, nicht eine neue Waffe für den Heiligen herstellen? Und so fertigte der Schmied aus dem Bruchstück einer Fliegerbombe ein Ersatzschwert an. Seitdem hält der Erzengel auf dem Schalldeckel der Kanzel von St. Georg in der erhobenen rechten Hand einen länglichen, ausgefransten Gegenstand, der so gar nicht in das barocke Umfeld passen will. Dafür besitzt die Ellinger Pfarrkirche ein Zeitdokument mit Seltenheitswert und ein einmaliges Erinnerungsstück an die Schrecken des Krieges.

Horst M. Auer

INFOS

Die Pfarrkirche St. Georg in der Weißenburger Straße ist tagsüber immer geöffnet. Einen Prospekt über das Barockstädtchen Ellingen gibt es im Rathaus (Tel. 0 91 41/8 65 80) oder bei der Tourist-Info (Tel. 0 91 41/97 65 43). Zwei Tipps: der Barockrundweg und ein Abstecher zum römischen Castrum Sablonetum östlich von Ellingen.

31 Fanal der Gottlosigkeit
Die Kirchenruine auf dem Uhlberg bei Treuchtlingen

Als die Christengemeinden in Treuchtlingen von den Umtrieben in den alten, würdevollen Mauerresten am Uhlberg hörten, waren sie schockiert: eine geopferte Katze, Drudenfüße an den Wänden, die geweihte Madonnenfigur des renommierten Künstlers Ernst Steinacker geschändet und beschädigt. Offenbar waren Satanisten am Werk gewesen oder Jugendliche, die sich von derartigen Handlungen angesprochen fühlten.

Das war 1995. Seitdem gab es immer wieder Zerstörungen. Die geköpfte Madonna wurde resigniert abtransportiert. Die Ruine wurde zu einem Mahnmal der Gottlosigkeit. Im Internet kursieren schaurige Geschichten über den mystischen Ort, in einer TV-Serie schaffte es der Uhlberg in die Top-Ten der zehn gruseligsten Plätze Deutschlands.

Und tatsächlich: Wenn es so etwas wie einen düsteren, schwermütigen Atem der Geschichte gibt, dann umgibt er den Uhlberg am Hahnenkamm – seit Jahrhunderten. Der von dichtem Buchenwald bedeckte Bergrücken am südlichsten Zipfel Mittelfrankens hat eine wechselvolle Vergangenheit.

Alles hatte so hoffnungsvoll begonnen, um das Jahr 1144, als sich auf der höchsten Erhebung des Hahnenkamms Benediktinerinnen niederließen. Es war augenscheinlich eine wirtschaftliche Blütezeit, denn die Abtei wuchs; Höfe wie die heute noch bestehenden Siebeneichhöfe und der Wieshof siedelten sich an. Tausende von Morgen Wald und Ackerland wurden bewirtschaftet. Und im Jahr 1466 gab Papst Paul II. einen Ablassbrief für alle heraus, die mithalfen, an dem Ort zu Ehren der Heiligen Jungfrau eine Kapelle zu errichten.

Der Grund für den Bau des Kirchleins war eine Madonnenfigur, die dort Jahre zuvor aufgestellt worden war und zu der die Menschenmassen pilgerten, weil sie »große Zeichen und sehr große Wunder« auslöste. Das war der Beginn der Wallfahrt auf den Uhlberg.

Die Freude währte – in geschichtlicher Dimension gerechnet – nicht lange, denn 1525 wurde die Kapelle im Bauernkrieg zerstört und nicht mehr aufgebaut. Die Mondsichel-Madonna hatte ein Gundelsheimer Wirt gerettet und in seinem Gasthaus aufgestellt. Später ging

Ziel vieler Wanderer ist die Kirchenruine auf dem Uhlberg.

sie an eine Bauernfamilie und wurde dort erst vor wenigen Jahren im Schlafzimmer wiederentdeckt. Heute steht sie restauriert im Diözesanmuseum Eichstätt.

Es ranken sich bis in die Gegenwart vielerlei Legenden um den verwunschenen Ort am Uhlberg. Die sagenhafte, verschollene Römerstadt Aureum soll sich am Fuße der Anhöhe befunden haben. Eine Weiße Frau soll seit dem Niedergang der Kapelle in der Ruine umherspuken, weshalb besonders bei Vollmond immer wieder abenteuerlustige Jugendliche den Weg in den Wald einschlagen – letztlich wohl die Ursache für die Zerstörungen. Schon 1724 hatte eine pietistische Sekte die Ruine als Versammlungsort gewählt.

Ein weiteres Kapitel in der Geschichte: In dem Jägerhaus, das etwa 200 Jahre lang nur 100 Meter von der Ruine entfernt stand, entschied sich das Schicksal der NSDAP-Kreis- und Ortsgruppenführer aus Weißenburg, Treuchtlingen und Ellingen. Sie waren im April 1945 vor den Amerikanern in den Wald geflohen und hielten sich in der Hütte versteckt. Die Nazis wurden gefasst und wanderten für lange Jahre ins verdiente Gefängnis. Die Jagdhütte gibt es seit einigen Jahren nicht mehr: Weil sie immer wieder von ungebetenen Gästen verwüstet worden war, ließ sie die Forstverwaltung im Sommer 2012 abreißen.

Die Kapelle hingegen ist von den Christen in Treuchtlingen nie ganz aufgegeben worden. Immer wieder war sie das Ziel von Wallfahrten. Die letzte Initiative war das Aufstellen und die Weihe einer neuen Madonna im Jahr 1989. In einem ökumenischen Gottesdienst wurde die Steinplastik Steinackers feierlich geweiht.

Heute ist der Ort geschändet und verlassen – und hat doch nichts von seiner Faszination verloren.

Hubert Stanka

INFOS

Der fast 605 Meter hohe Uhlberg, dessen Name sich von »Eule« ableitet, liegt einige Kilometer südwestlich von Treuchtlingen, etwa auf halbem Weg nach Polsingen. Die Kapellenruine ist aus verschiedenen Orten der Umgebung auf Wanderwegen erreichbar. Beispielsweise auf dem Wanderweg von Rothenberg aus mit der Markierung Rot-Strich. Oder ab Möhren auf dem Wanderweg Nr. 9 über Spielhof. (Wer diesen 17 Kilometer langen Rundweg wählt, kann auch Heumödern als Ausgangspunkt wählen.) In Treuchtlingen sollte man sich das Stadtschloss anschauen und die Altmühltherme nebst Kurpark besuchen. Nur einige Kilometer weiter versteckt sich beim Dorf Graben eines der größten technischen Kulturdenkmäler des frühen Mittelalters: die Fossa Carolina, auch »Karlsgraben« genannt. Auskünfte bei der Touristeninformation unter Tel. 0 91 42/96 00 60.

32 Vom Bergfried zum Kirchturm
Der Kirchturm von St. Johannes in Hohentrüdingen

Eine eigenwillige Gestalt hat der Kirchturm von St. Johannes in Hohentrüdingen (Kreis Weißenburg-Gunzenhausen) in der Tat. Mit seinen Buckelquadern wirkt er wehrhaft und abweisend wie der Turm einer Befestigungsanlage. »Wartturm eines ehemaligen römischen Castelles« ist auf einer Gedenktafel zu lesen, die 1861 auf Anordnung von König Max II. angebracht worden war.

Doch die Tafel führt in die Irre, denn eine archäologische Bestätigung dafür gibt es nicht. Obwohl der Turm nicht aus der Römerzeit stammen kann, ist seine Geschichte kurios genug: Vor seiner sakralen Bestimmung diente das markante Bauwerk als Bergfried eines im 12. Jahrhundert errichteten Adelssitzes. Erst vor rund 180 Jahren wandelte sich der Burgturm zum Kirchturm.

Hinweise auf die genaue Entstehungszeit sind dürftig, doch gehen Heimatkundler davon aus, dass die Burg Hohentrüdingen, Stammsitz der Edlen von Truhendingen, in der Mitte des 12. Jahrhunderts zum Schutz des nahe gelegenen Klosters Heidenheim gebaut worden ist. So wie die mächtige Wehranlage auf einem Bergkegel am südwestlichen Steilrand des Hahnenkamms einst das Umland beherrschte, so bestimmten die Truhendinger als eines der einflussreichsten und wohlhabendsten Geschlechter lange Zeit die Geschicke dieser Gegend. Dem Burgherrn hat der Dichter und Minnesänger Wolfram von Eschenbach in seinem um 1210 entstandenen Epos *Parzival* ein literarisches Denkmal gesetzt.

Ab Mitte des 14. Jahrhunderts wechselten die Besitzverhältnisse in rascher Folge. 1410 ging die Herrschaft an die Burggrafen von Nürnberg. Sie machten Hohentrüdingen zum Sitz eines Oberamtes. Zu Beginn des 19. Jahrhunderts waren von der vernachlässigten Burg, zu der schon früh die Dorfkirche gehörte, nur noch Mauerreste übrig geblieben. Den Bayern war es vorbehalten, die Burg im Jahr 1812 für 1 800 Gulden auf Abbruch zu verkaufen. Dieses Schicksal blieb dann nur dem Bergfried erspart: Die Hohentrüdinger fanden für den 24 Meter hohen, im Grundriss quadratischen Turm einen neuen Verwendungszweck als Kirchturm und verpassten ihm einen Aufsatz für die

Der Glockenaufsatz hebt sich deutlich vom früheren Burgturm ab.

Glocke. Das ab 1818 errichtete Gotteshaus ersetzte die alte, baufällig gewordene Dorfkirche.

Der zum Kirchturm umfunktionierte Bergfried ist aus einem weiteren Grund bemerkenswert. Er besteht nämlich nicht nur aus Dogger-Sandstein und Quadern aus Kalkstein, sondern auch aus Suevit. Dabei handelt es sich um Auswurfmasse aus dem Meteoritenkrater »Nördlinger Ries«. Der schwarze »Schwabenstein« ist beispielsweise für den Bau der Georgskirche und von anderen historischen Gebäuden in Nördlingen herangezogen worden.

Vor 15 Millionen Jahren war der riesige, annähernd einen Kilometer große Asteroid mit der kosmischen Geschwindigkeit von 20 bis 50 Kilometern pro Sekunde auf die Erde geprallt. Der Einschlag mit der Sprengkraft von 250 000 Hiroshima-Atombomben löschte alles Leben im Umkreis von 100 Kilometern aus. Die Stoßwelle und ein extrem hoher Druck ließen das Gestein verdampfen oder schmelzen. Überhitzte Brocken flogen bis nach Böhmen. Zurück blieb ein Krater mit einem Durchmesser von 25 Kilometern.

Suevit, ein typisches Auswurfmaterial, ist im Mittelalter gerne als Baustein benutzt worden. Und zwar nicht nur direkt im Ries, sondern auch am Kraterrand und in der Umgebung des Beckens. So erinnern dunkle Stellen am Kirchturm von Hohentrüdingen an ein kosmisches Ereignis von vor 15 Millionen Jahren.

Horst M. Auer

INFOS

Johanniskirche und Turm in Hohentrüdingen sind von 8 bis 18 Uhr geöffnet, im Winter wird schon bei Einbruch der Dunkelheit geschlossen. Informationen auch beim Mesner Horst Kaiser, Schlossweg 5 (direkt neben der Kirche). Das Rieskrater-Museum am Eugene-Shoemaker-Platz 1 in Nördlingen, Tel. 0 90 81/8 47 10, kann täglich außer montags zu folgenden Zeiten besichtigt werden: von November bis April von 10 bis 12 Uhr und von 13.30 bis 16.30 Uhr, von Mai bis Oktober ohne Mittagspause von 10 bis 16.30 Uhr.

33 Wegweiser zu Mediana

Die Römersteine der Gnotzheimer Kirche

Fast 250 Jahre lang gehörten Teile der heutigen Landkreise Ansbach und Weißenburg-Gunzenhausen zum römischen Weltreich. Die Militärmacht hatte ab 15 v. Chr. ihre Eroberungszüge in das Land nördlich der Alpen ausgedehnt und war um 80 n. Chr. über die Donau vorgedrungen. Mit dem Limes grenzten die Besatzer ihre neue Provinz, die den Namen Raetien erhielt, gegen aufmüpfige Germanenstämme ab.

Bis zum Alemannensturm um 259/260 n. Chr. ließ es sich unter der Fremdherrschaft in Raetien recht gut leben. Im Schutz des zuletzt als Steinmauer mit Wachtürmen ausgebauten Grenzwalls genoss die romanisierte Bevölkerung eine wirtschaftliche Blüte und einen bescheidenen Wohlstand. Für Sicherheit sorgten bewegliche Eingreiftruppen, kleinere Stützpunkte und eine Reihe größerer Militärlager. Diese Kastelle befanden sich, strategisch gut verteilt, im Hinterland des Limes und waren teilweise mit Reitertruppen besetzt. Derartige Kastelle gab es zum Beispiel auch in Pfünz, Weißenburg, Ellingen und Unterschwaningen.

Garnisonsort war auch Gnotzheim südlich von Gunzenhausen. Sogar der Name des Kastells, das auf einer kleinen Anhöhe lag, ist bekannt, findet er sich doch schon auf der »Peutingerschen Tafel«, der mittelalterlichen Kopie einer römischen Straßenkarte aus dem 3. Jahrhundert: Mediana.

Ein Kastell der einfacheren Art war wohl schon unter Kaiser Domitian (81–96) entstanden. Wissenschaftler haben nachgewiesen, dass im Gnotzheimer Militärlager eine 500 bis 600 Mann starke Truppe stationiert war – die dritte Kohorte einer üblicherweise zehn Kohorten umfassenden Legion. Hinweise aus schriftlichen Quellen auf diese Einheit (»COH III«) bestätigten sich durch archäologische Funde wie den römischen Weihestein, den man 1998 bei Straßenbauarbeiten entdeckt hat.

Es ist weder der erste noch der einzige Beleg für die Existenz von Mediana. Die Pfarrkirche St. Michael hat gleich zwei Zeugnisse aus der römischen Epoche vorzuweisen: In ihre Wände sind Bruchstücke römischer Inschriftensteine eingemauert. An der südlichen Außenmauer

Auf das Römerkastell weist der Stein an der Kirchenmauer hin.

befindet sich eine Tafel, die die Entstehung des Kastells auf das Jahr 144 n. Chr. datiert. Der Stein war möglicherweise als Bautafel über dem Eingang des Lagers angebracht. Er ist dem Kaiser Antoninus Pius gewidmet und erläutert die Herkunft der 3. Kohorte: Die zweimal für ihre Tapferkeit ausgezeichneten Soldaten hatten vor ihrer Versetzung nach Raetien in der Provinz Thrakien am Schwarzen Meer gekämpft.

Im Innern der Gnotzheimer Kirche, neben dem rechten Seitenaltar, ist ebenfalls eine Texttafel in die Wand eingelassen. Dieser Römerstein war vor Jahrzehnten bei Renovierungsarbeiten in der Sakristei aufgetaucht. Auch seine Inschrift bezieht sich wahrscheinlich auf die Thraker-Kohorte. Für die Gläubigen von St. Michael ist der Wandschmuck ein ausgefallenes Relikt der Ortsgeschichte an einem ungewöhnlichen Platz.

Horst M. Auer

INFOS

Die Pfarrkirche St. Michael ist normalerweise verschlossen. Zugang besteht am ehesten vor oder nach dem Gottesdienst am Sonntag. Ansonsten: Im Pfarramt um den Schlüssel bitten. Gnotzheim liegt auf halbem Weg zwischen Weißenburg und Ruffenhofen am Hesselberg. In beiden Orten kann vorzüglich die römische Geschichte nachvollzogen werden: Weißenburg hat das Römermuseum, das Kastell Biriciana und die Römischen Thermen, Ruffenhofen den Römerpark und das Limeseum.

34 Mit dem Esel durchs Dorf
Die Palmesel von Kalbensteinberg und Hersbruck

Der Palmsonntag erinnert von alters her an den Einzug Jesu in Jerusalem. Immer noch weit verbreitet ist die Palmweihe (meist handelt es sich um Buchsbaumzweige oder Weidenkätzchenbüschel) als Segensbringer. In einigen Orten formieren sich die Gläubigen anschließend zum Umzug. Schon im Mittelalter hat man dabei gerne die biblische Geschichte, wie Christus, auf einem Esel reitend, in Jerusalem einzieht, szenisch dargestellt: Geschnitzte Christusfiguren auf kleinen Holzwagen standen einst im Mittelpunkt der Palmprozessionen.

Der Brauch ist mehr und mehr in Vergessenheit geraten. Heute sind die Palmesel viel bewunderte Museumsstücke, stumme Zeugen alter Volksfrömmigkeit. In Deutschland mag es noch 60 dieser ehemaligen liturgischen Gegenstände geben, schätzen Kunsthistoriker. In der evangelischen Kirche der zwischen Gunzenhausen und Abenberg gelegenen Ortschaft Kalbensteinberg wird eines der letzten in der Region noch erhaltenen Exemplare aufbewahrt.

Die Kalbensteinberger Kirche überrascht mit einer ganzen Reihe herausragender sakraler Kunstwerke. Zu verdanken ist die außergewöhnliche Ausstattung dem Nürnberger Patriziergeschlecht der Rieter, das im 15. Jahrhundert durch Heirat in den Besitz des Dorfes gekommen war und die Patronatsherrschaft mehr als drei Jahrhunderte lang ausübte.

Zu den Kirchenschätzen zählt die Christusfigur auf dem Palmesel aus der Zeit um 1470. Dargestellt ist der Heiland mit einer Krone auf dem Haupt, die rechte Hand segnend erhoben und mit der linken die Zügel haltend. Das spätgotische Meisterwerk wird längst nicht mehr bei Palmprozessionen auf Rollen durch das Dorf gezogen. Dafür ist der geschichtsträchtige Kultgegenstand zu wertvoll. Ältere Zeitgenossen können sich aber noch an festliche Anlässe Anfang der 90er-Jahre erinnern, zu denen man den Palmesel bei Umzügen innerhalb der Kirche mitführte. Seitdem hat das gute Stück seinen festen Platz unter der Kanzel.

Das Germanische Nationalmuseum (GNM) in Nürnberg bewahrt einige sehr alte Beispiele solcher Kultgegenstände auf. Eines davon ist

Der Palmesel mit der Christusfigur wurde einst herumgezogen.

vor Kurzem nach Hersbruck zurückgekehrt. Es hat eine bewegte Geschichte.

Der Palmesel war dem GNM bei seiner Gründung im Jahr 1852 geschenkt worden. 1955 überließ es die Figur dem Hersbrucker Heimatmuseum. Als die dortige Kirchengemeinde das nahezu 500 Jahre alte Kunstwerk vor einigen Jahren für sich reklamierte, stellte sich heraus, dass noch immer das GNM der Eigentümer war. Es folgten langwierige Verhandlungen mit dem Ergebnis, dass der Palmesel als Dauerleihgabe im Chorraum der Hersbrucker Stadtpfarrkirche aufgestellt werden darf.

Der Brauch des Eselsritts bei Palmprozessionen reicht weit zurück. Am Anfang hat oft ein kostümierter Geistlicher, der auf einem echten Esel ritt, den Messias dargestellt. Mit der Zeit aber erwiesen sich die häufig recht störrischen Grautiere als Unsicherheitsfaktor im liturgischen Spiel und wurden durch hölzerne Figuren ersetzt.

Die schrittweise Verbannung des Palmesels aus den Umzügen hat auch mit allerlei Schabernack zu tun, der das Ritual gehörig in Misskredit brachte. Im ausgehenden 18. Jahrhundert wird aus Nürnberg berichtet, dass man dem Esel Würste, Backwerk und Eier umhängte und regelrechte Bettelzüge organisierte. Oft sollen die Beteiligten dabei dem Alkohol so stark zugesprochen haben, »dass außer dem Heiland und dem Esel kein anderer nüchtern zurückkam«.

Horst M. Auer

INFOS

Ihre reichhaltige und kunsthistorisch wertvolle Innenausstattung macht die Rieterkirche zu einem Schatzkästlein. Das wissen zahlreiche Besucher zu schätzen, auch jene, die jedes Jahr in 80 bis 100 Bussen nach Kalbensteinberg reisen. Außerhalb der Gottesdienstzeiten ist die Kirche üblicherweise verschlossen. Sonntags werden nach dem 10-Uhr-Gottesdienst aber Kurzführungen angeboten, auch nach telefonischer Vereinbarung unter Tel. 0 98 37/2 33 beim Pfarramt.

35 Der letzte Ritt
Das Grabmal des Marquis de Bièvre in Ornbau

Im Oktober 1789 herrschte im Triesdorfer Schlösschen des Markgrafen von Ansbach-Bayreuth munteres Treiben. Ein hoch geehrter Gast aus Frankreich war die Seele davon: Marquis de Bièvre, der glänzendste Hofmann unter Ludwig XV. und Ludwig XVI. Er war ein geistreicher Meister des Wortspiels und der Verfasser witziger Theaterstücke. Am französischen Hof hatte sich de Bièvre schon früh den Ruf eines Mannes erworben, der um tolle Einfälle und komische Antworten nie verlegen war.

In Triesdorf umschwärmten die anfangs etwas befangenen Hofdamen den Gast, amüsierten sich köstlich bei seinem auf der Naturbühne aufgeführten Theaterspiel. Überboten wurde dieses Vergnügen schließlich noch durch ein besonderes Ereignis: Der Luftschiffer Blanchard stieg mit seinem Ballon auf, und Markgraf Christian Friedrich Carl Alexander verfolgte ihn nach dem Vorbild des Pariser Hofs zu Pferd. An seiner Seite ritt der französische Edelmann.

Als die Gesellschaft am späten Nachmittag erschöpft, aber wohlbehalten von der Jagd durch Wälder und Sümpfe zurückgekehrt war, sagte der Gast, dies sei der tollste Ritt seines Lebens gewesen. Es sollte auch sein letzter gewesen sein, denn über die fröhliche Runde senkte sich alsbald ein schwarzer Schatten herab.

Bièvre wollte sich am nächsten Tag verabschieden und seine Reise fortsetzen, doch noch am Abend überfiel ihn Schüttelfrost. Mit Schrecken erinnerte er sich, dass er vor nicht allzu langer Zeit in England mit einem Blatternkranken in Berührung gekommen war. Der Arzt bestätigte seine Befürchtung. Im Nu war die lustige Gesellschaft zerstoben und der 42-Jährige mit seinem Diener allein. Am Morgen des 25. Oktober 1789 nahm das Schicksal seinen Lauf. Markgraf Alexander erhielt die traurige Nachricht, dass sein Gast gestorben war.

Tags darauf wurde der Tote unter dem feierlichen Geläut der Glocken und bei Fackelschein auf dem nächsten katholischen Friedhof, dem von Ornbau, fern der Heimat zur letzten Ruhe gebettet. Freunde in Frankreich erinnerten sich an sein trauriges Schicksal: Anna Pas de Vassal reiste in deren Auftrag nach Ansbach und veranlasste den Bau eines Grabmals für den Verstorbenen.

Sehr auffällig ist die Grabstätte auf dem kleinen Ornbauer Friedhof.

Über der Gruft, die noch heute den Sarg mit den Gebeinen des außergewöhnlichen Mannes birgt, erhebt sich das Postament. Bekrönt ist es von einer Urne. Ein Relief zeigt Kriegstrophäen, eine Leier und eine lachende Maske, das Symbol des Lustspieldichters. Auf der Grabinschrift ist zu lesen, dass hier Georg Franz Maréchal Marquis de Bièvre ruht, der sich durch die Gewalt des Geistes, die Würde und Milde seiner Sitten auszeichnete.

Kuriosität am Rande: In Chroniken heißt es mitunter, der Marquis sei in Spa begraben. Der Irrtum beruht wohl auf einem Hörfehler: Das Wort »Ansbach« konnte französisch ausgesprochen wie »en Spa« (zu Deutsch: in Spa) klingen.

Hartmut Schötz

INFOS

Das Bièvre-Grabmal ist auf dem Friedhof von Ornbau (Kreis Ansbach) leicht auszumachen. Den Friedhof findet man am Ortsrand an der Straße, die aus Richtung Triesdorf kommt. Ornbau liegt nur ein paar Kilometer vom Altmühlsee entfernt. Rund um das Städtchen ist die mittelalterliche Befestigungsanlage mit ihren Mauern, Türmen, Basteien, Gräben und Toren erhalten.

36 Hohe Schnitzkunst
Die Holzdecke der Frauenkirche in Herrieden

Unter Experten gilt sie als einmalig im europäischen Kulturraum: die aus mehr als 7 500 Einzelteilen bestehende Holzdecke in der Kirche »Unsere liebe Frau« in Herrieden (Kreis Ansbach). Mit einem finanziellen Aufwand von rund 1,2 Millionen Euro wurde die kunsthistorische Kostbarkeit vor mehr als zehn Jahren restauriert.

Die Decke war 1705 in die 1474 errichtete Frauenkirche eingebaut worden. Fünf Ölgemälde, die Jesus im Tempel, Mariens Verkündigung, Heimsuchung sowie ihre Opferung und Aufnahme in den Himmel zeigen, sind von geschnitzten Kränzen, Muscheln, Ranken und Cherubsköpfen umgeben. Wahrscheinlich wurden die Einzelteile in Klöstern angefertigt und dann in den Farben Gold und Weiß gestrichen. Mit Holzdübeln wurden die Teile dann an der Decke befestigt.

Bis in die 1990er-Jahre wusste man nicht, dass die Deckengemälde nicht mit normalem Stuck, sondern mit geschnitzten Ornamenten verziert sind. Erst nachdem sich einige Stücke gelöst hatten und heruntergefallen waren, entdeckte man diese Besonderheit. Im Laufe der Jahrhunderte sind die Holzornamente mit einer Gesamtlänge von über 60 Metern sechs Mal überstrichen worden. Trotz dieser Farbschichten hatten sich Holzwürmer und anderes Ungeziefer eingenistet und viele Einzelteile von innen ausgehöhlt, sodass einige vollständig nachgeschnitzt werden mussten. Bei der Restaurierung wurden alle 7 500 Teile einzeln mit Heißdampf gereinigt, mit Kunstharz getränkt, neu gestrichen und wieder mit Holzdübeln befestigt.

Die Kirche »Unsere liebe Frau« war an der Stelle einer baufälligen Marienkirche 1474 im Auftrag des Herriedener Chorherren Thomas Flach errichtet worden. Schon 16 Jahre später, beim großen Stadtbrand von 1490, wurde das neue Gotteshaus schwer beschädigt; erneut war es Flach, der 1493 den Wiederaufbau bezahlte. Seither ist das Bauwerk in seiner Substanz unverändert geblieben. Lediglich bei der Innenausstattung wurden Veränderungen vorgenommen. Zu Beginn des 18. Jahrhunderts wurde der Innenraum im Stil des Barock umgestaltet; damals ließ der Stiftsherr Michael Kirchbauer auch die Holzdecke einbauen. Nach der Säkularisation wurde die Kirche 1805 verkauft und

Aus Tausenden von Einzelteilen besteht der hölzerne Deckenschmuck.

diente als Lager. 1832 wurde sie wieder als Gotteshaus genutzt und zu Beginn des letzten Jahrhunderts im neugotischen Stil ausgestattet.

Alexander Biernoth

INFOS

Die Frauenkirche in Herrieden befindet sich neben der Stiftskirche und ist in der Regel tagsüber geöffnet. Das Altmühlstädtchen hat einige attraktive Gebäude aus vergangenen Jahrhunderten vorzuweisen. Eine Besonderheit ist die Fronveste, ursprünglich ein Wehrturm mit viereckigem Grundriss. In den Jahren 1415 bis 1429 wurde sie durch einen halbrunden Vorbau verstärkt, der besseren Schutz gegen Kanonenbeschuss versprach. Bis 1901 diente das Gebäude als Gefängnis, heute findet es als Geschäfts- und Wohnhaus Verwendung.

37 Wasser für den Fürsten

Die Ochsentretanlage im Brunnenhaus von Schillingsfürst

Sie ist einmalig in Deutschland und gehört zu den bedeutendsten technischen Kulturdenkmälern: Mit der Ochsentretanlage aus dem Jahr 1702 im alten Brunnenhaus von Schillingsfürst wird zwar kein Wasser mehr gefördert, aber die Mechanik funktioniert auch nach über 300 Jahren wie am ersten Tag. Das Tretscheiben-Pumpwerk ist neben dem Schloss die wichtigste Sehenswürdigkeit des Städtchens, das auf eine tausendjährige Geschichte zurückblickt.

Auf dem Bergsporn der hier steil abfallenden Frankenhöhe stellte die Wasserversorgung des Schlosses derer von Hohenlohe schon immer eine große Schwierigkeit dar: Wegen der großen Tiefe bis zum Grundwasser war der Bau eines Brunnens nicht zu bewerkstelligen. So musste das kostbare Nass in Fässern mit Pferdegespannen zur fürstlichen Residenz gekarrt werden.

Schon im 16. Jahrhundert wurden daher Versuche unternommen, Wasser aus dem sogenannten »heiligen Brunnen«, einer 1,5 Kilometer östlich sprudelnden Quelle, zum Schloss zu leiten. Aber erst Anfang des 18. Jahrhunderts gelang das Vorhaben durch den Nürnberger Stadtbrunnenmeister Martin Löhner.

Löhner (1636–1707) bezog von der Freien Reichsstadt nur ein mittelmäßiges Jahreseinkommen und verschaffte sich mit Aufträgen anderer Städte oder Landesherren zusätzliche Einkünfte. Seine Aufgabe in den Jahren 1702 und 1703 war es, für das Haus Hohenlohe in Schillingsfürst eine funktionierende Wasserversorgung herzustellen. Dazu pumpte er das Wasser des heiligen Brunnens durch Holzrohre ins Schloss. Als Antrieb für die Pumpe kam für Löhner nur ein Ochse mit seinem gemächlichen, aber beharrlich schreitenden Gang in Betracht.

Die Maschine funktionierte nach den alten mechanischen Prinzipien: schiefe Ebene und Hebel. Durch das Körpergewicht des Ochsen entstand auf der mit einer Schräge von sechs Grad angebrachten Tretscheibe die nötige Kraft für die Pumpen. Die Tretscheibe dreht unter dem Fußboden des Erdgeschosses, offen liegt nur die von dem Ochsen beschrittene Scheibenhälfte. Der Ochse brachte eine Leistung von rund 500 Watt auf die Maschine, indem er – für den außenstehen-

Ein Denkmal der Technikgeschichte ist die Ochsentretanlage.

den Betrachter scheinbar am Platze – eine ständig unter ihm wegrotierende schiefe Ebene hinauflief.

Es ist überliefert, dass das Tretscheiben-Pumpwerk an einem normalen Zwölfstundentag abwechselnd zwei Ochsen in Gang gehalten haben. Eine ständig im Brunnenhaus anwesende Hüte- und Aufsichtsperson, der »fürstliche Brunnenwart«, war für den stetigen Gang des Ochsen verantwortlich.

Damit das Tier immer gleichmäßig lief, erhielt es einen Strick um den Hals gelegt, dessen Ende an einem festen Punkt angebracht war. Verzögerte der Ochse den Lauf, so zog die Schlinge an und er lernte so rasch, einen gleichmäßigen Gang einzuhalten. Da nur Druck in der Wasserleitung war, wenn die Ochsen liefen, kam später noch ein Hochreservoir dazu, das man in den Wasserturm 1729 einbaute. Brunnenhaus und Schloss liegen etwa auf gleichem Niveau.

Bis 1920 war die Ochsentretscheibe in Betrieb. Die Anlage ist erst dann durch eine elektrische Pumpe ersetzt worden, die bis 1947 ihren Dienst tat. Im alten Brunnenhaus ist heute die eigentliche Maschine mit der Tretscheibe noch vorhanden. Dort kann man sich vorstellen, wie Ochsen als Muskelkraftmotoren einst das Pumpwerk in Gang hielten, damit das Wasser aus dem barocken Hochbehälter in unterirdischen Holzrohren, sogenannten Deicheln, zum Schloss lief.

Das Wasser aus dem hölzernen Röhrensystem versorgte zunächst das Erdgeschoss sowie Gärtnerei und Brauerei mit fließendem Wasser.

Um den Wasserdruck konstant zu halten und um auch die fürstlichen Räume im Obergeschoss zu bedienen, musste 1887 der Wasserturm erhöht werden.

Alexander Biernoth

INFOS

Das Brunnenhausmuseum (Tel. 0 98 68/58 89) in Schillingsfürst ist ein Technik- und Heimatmuseum, das die Arbeits- und Lebenswelt des 18. Jahrhunderts vor Augen führt. Öffnungszeiten sind von April bis Oktober Dienstag bis Freitag von 9.30 bis 12 Uhr und von 14.30 bis 17 Uhr, an Wochenenden und Feiertagen von 13 bis 18 Uhr. Für Besucher des Schlosses der Fürsten zu Hohenlohe-Schillingsfürst und des Barockmuseums werden Führungen angeboten.

38 Gnadenloser Terror
Die Todeslinden am Friedhof von Brettheim

Die zwei ausladenden Linden vor dem Friedhofstor von Brettheim sind eindrucksvolle Naturdenkmale. Viel mehr aber noch stehen sie als Symbol für eines der düstersten, übelsten Kapitel deutscher Geschichte, für dramatisch-schlimme Stunden in der Ortshistorie.

7. April 1945. Die Bürger des hohenlohischen Dorfs Brettheim, 15 Kilometer südöstlich von Rothenburg, erwarten quasi stündlich den Einmarsch der Amerikaner. Die Menschen hoffen, unversehrt über die letzten Kriegstage hinwegzukommen. Sie sind in der großen Mehrzahl entschlossen, der US-Armee keine Gegenwehr zu leisten. Obwohl sich ein paar SS-Leute und einige Gebirgsjäger in ihren Ort zurückgezogen haben.

Plötzlich tauchen vier Hitlerjungen in dem 900-Seelen-Dorf auf. »Die Rotzbuben«, wie die Brettheimer sie nennen, kommen aus dem Wehrertüchtigungslager Gebsattel bei Rothenburg. Sie tragen vier Panzerfäuste und ein Gewehr bei sich, wollen »die Front erkunden« und Brettheim gegen die vordringenden amerikanischen Panzer verteidigen.

Die Brettheimer fürchten um ihren Ort. Sie haben Angst, dass die US-Soldaten ihn zerstören, wenn bewaffneter Widerstand aufkeimt. Ein paar gestandene Männer entwaffnen daher die Halbwüchsigen. Einer der Buben bekommt wohl noch ein paar »Schell'n«. Der Bauer Friedrich Hanselmann und der Gemeindediener Friedrich Uhl nehmen die Waffen an sich und werfen sie in den Feuerlöschteich.

Die 15-Jährigen melden den Vorgang der Partei-Kreisleitung in Rothenburg. Sofort beginnt der unerbittliche, bis zuletzt mit tödlicher Perfektion funktionierende NS-Terrorapparat zu arbeiten. Während Gemeindediener Uhl fliehen kann, ergreifen SS-Männer den Bauern Hanselmann und stellen ihn unverzüglich vor ein Standgericht. »Tod durch Erhängen wegen Wehrkraftzersetzung«, lautet das Urteil. Das gilt auch für den nicht auffindbaren Gemeindediener Uhl.

Doch Brettheims Bürgermeister Leonhard Gackstatter und NSDAP-Ortsgruppenleiter Leonhard Wolfmeyer weigern sich, das Urteil des Standgerichts zu unterzeichnen. Umgehend wird auch

Eine düstere Geschichte ist mit den Linden am Friedhof verbunden.

ihnen der Prozess gemacht: Todesurteil in beiden Fällen. Am 10. April hängen Friedrich Hanselmann, Leonhard Gackstatter und Leonhard Wolfmeyer an den beiden Linden vor dem Brettheimer Friedhofstor.

Vier Tage lang bleiben die Leichen an den Bäumen, bewacht von Volkssturm-Leuten. Doch damit ist das Drama von Brettheim noch nicht zu Ende. Weil die SS im Dorf weiterhin auf den sinnlosen Widerstand besteht, greifen am 17. April um zwölf Uhr mittags amerikanische Bomber an und legen das Dorf in Schutt und Asche. 17 Menschen sterben, viele werden verletzt, fast alles Hab und Gut ist vernichtet.

Erst zehn Jahre nach den schlimmen Ereignissen müssen sich die Todes-Richter von Brettheim vor der bundesdeutschen Justiz verantworten. Doch Generalleutnant Max Simon von der SS, Major Ernst Otto und die beiden Volkssturmleute Ernst Smolka und Paul Moschee, welche die gnadenlosen Urteile gesprochen hatten, werden nicht bestraft. Nur der SS-Sturmbannführer Friedrich Gottschald erhält eine Haftstrafe von dreieinhalb Jahren. Aber letztendlich nur wegen eines Formfehlers, den er sich geleistet hatte. Er hatte die bereits schriftlich mitgebrachten Todesurteile gegen die Männer von Brettheim nicht mit seinen Beisitzern beraten. Die Opfer wurden von offizieller Seite nie rehabilitiert. Erst im Jahr 2002 sind nationalsozialistische Unrechtsurteile per Bundesgesetz pauschal aufgehoben worden.

Ulrich Rach

INFOS

Die beiden Linden stehen am Eingang des Friedhofs von Brettheim. Die Ortschaft liegt 15 Kilometer südwestlich von Rothenburg. Anfahrt über die B 25 (»Burgenstraße«) nach Süden, kurz hinter Rothenburg zweigt die Straße nach Brettheim rechts ab. Der Friedhof liegt unweit der Straße nach Reubach, am Ortsrand von Brettheim links abbiegen. Zum Gedenken und als Mahnmal zugleich wurde 1992 im Rathaus von Brettheim eine Erinnerungsstätte eingerichtet. Diese ist jeden ersten Sonntag im Monat von 14 bis 17 Uhr geöffnet. Der Eintritt ist frei. Führungen sind nach telefonischer Anmeldung unter Tel. 0 79 58/5 08 möglich. Empfehlenswert ist ein Ausflug nach Rothenburg (Fundorte 39 und 40).

39 Bittere Seele, bittere Klage
Die Gedenksäule für ein Juden-pogrom in Rothenburg

»Mit bitterer Seele eine bittere Klage, weil wir vergaßen die ersten Verfolgungen. Um ihrer zu gedenken, meißelte ich auf eine steinerne Tafel die Märtyrer Rothenburgs ein, die getötet und verbrannt wurden, wegen der Einzigartigkeit Gottes.«

Dieser Text ist auf einer drei Meter hohen bronzenen Säule vor der Blasiuskapelle im Rothenburger Burggarten zu finden. Er wurde von einem alten Gedenkstein übernommen und erinnert an ein Pogrom im Mittelalter, bei dem in der Stadt ob der Tauber 469 Juden umgebracht wurden. Die Stele, die 1999 entstand, ist ein Mahnmal für Toleranz und Frieden. Und sie verdeutlicht auf drastische Weise, dass Vorurteile, Rassenwahn und Fanatismus in der Geschichte schon immer zu Hass und Gewalt führten – bis heute.

Wir gehen zurück ans Ende des 13. Jahrhunderts. Rothenburg ist eine Reichsstadt mit königlichem Landgericht und Privilegien. Die Juden – sie hatten als Geldverleiher die Funktion von Banken – waren rechtlich den Christen nur teilweise gleichgestellt. Ein Fünftel der Stadt bekannte sich zum mosaischen Glauben, wohl an die 500 Menschen. Die jüdische Gemeinde scharte sich um den Rabbi Mair ben Baruch, einen der bedeutendsten Schriftgelehrten jener Zeit.

Aber die Juden hatten Feinde, sehr viele Feinde. Sie wurden im Heiligen Römischen Reich Deutscher Nation mit Neid und Missgunst bedacht, diskriminiert, für Untaten und Katastrophen verantwortlich gemacht, sollten beispielsweise Brunnen vergiftet und die Pest ins Land gebracht haben.

In diesem Klima des Hasses zog ein Mann namens Rindfleisch, ein verarmter Ritter aus Röttingen in der Nähe von Rothenburg, mit einer marodierenden Meute durch Süddeutschland, stellte Juden nach, wo immer er konnte, und tötete sie. Nach blutigen Überfällen in Nürnberg, Bamberg, Windsheim, Neustadt/Aisch, Iphofen und 60 anderen fränkischen und schwäbischen Ortschaften kam der mordende Ritter am 12. Juni 1298 nach Rothenburg, wo er und seine Gefolgsleute zunächst 57 Juden meuchelten.

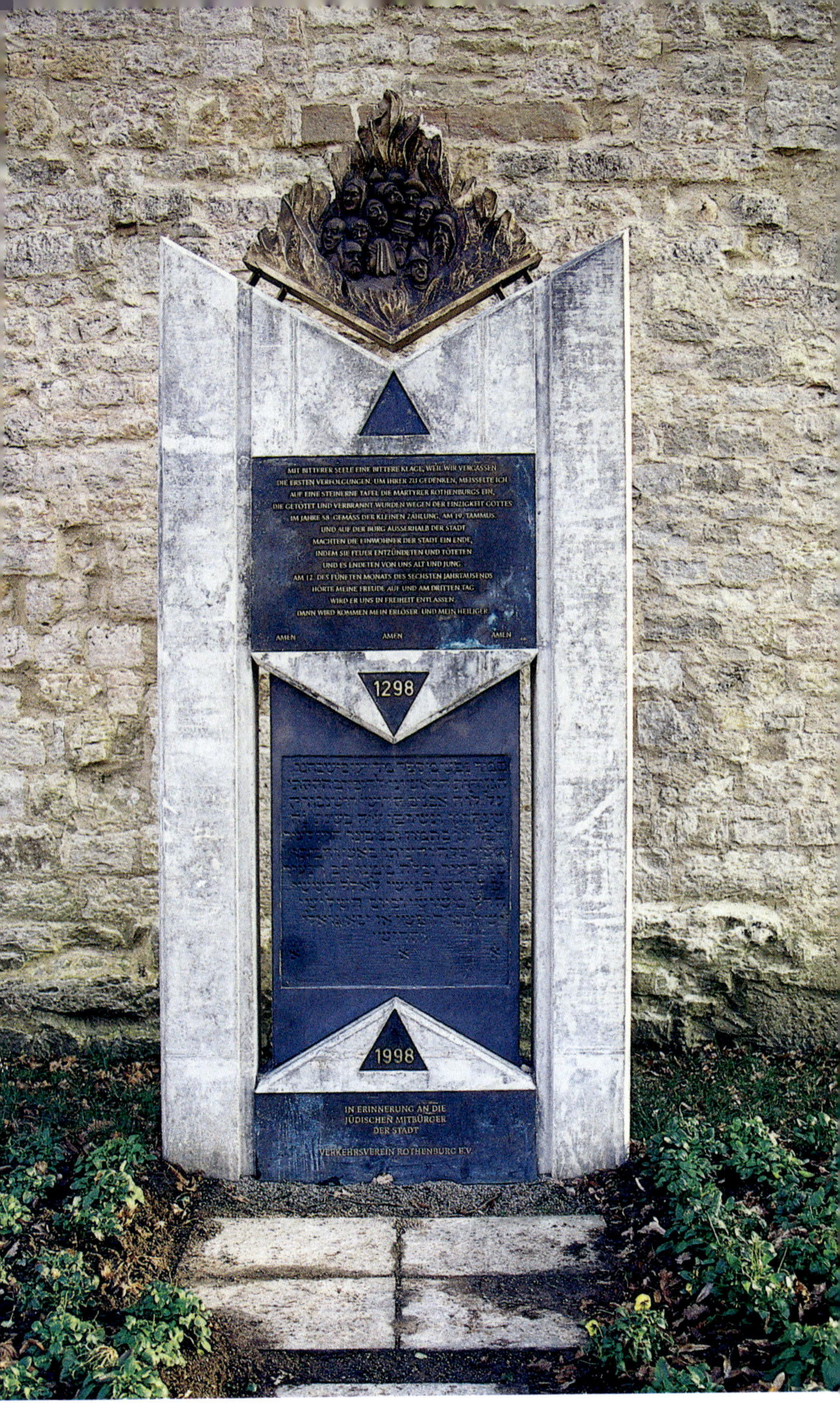

Erst 1999 entstand das Mahnmal für das Rothenburger Judenpogrom.

Einen Monat später, am 18. Juli, kehrte Rindfleisch mit seinem Trupp noch einmal in die Reichsstadt zurück. Und er machte dort erneut Jagd auf Menschen jüdischen Glaubens, vermutlich von Rothenburger Bürgern unterstützt, die darauf spekulierten, mit der Vernichtung der Juden ihre Schulden loszuwerden. Die Verfolgten flohen in die Burg. Sie hofften, hier Schutz durch das Landgericht und den königlichen Schultheiß zu finden, wie es ihnen auch zugesichert worden war.

Drei Tage dauerte die Belagerung, dann nahmen Rindfleisch und seine Horde mithilfe des Rothenburger Pöbels die Burg ein und erschlugen mehr als 300 Kinder, Frauen und Männer. Weitere etwa 100 jüdische Bürger kamen in der Stadt um. Sie verbrannten, weil die Mörderbanden die Häuser anzündeten, in denen Juden wohnten oder in denen sie sich angstvoll verschanzt hatten. Von 412 Toten berichten die damaligen Geschichtsschreiber. Die jüdische Gemeinde Rothenburgs war damit weitestgehend vernichtet.

Ulrich Rach

INFOS

Das Mahnmal steht im Rothenburger Burggarten in der Nähe der Blasiuskapelle. Bitte die Parkmöglichkeiten vor der Stadt wahrnehmen. Zu Fuß zum Marktplatz, dann die Herrngasse hinab und durch das Tor in den Burggarten. Dort befindet sich linker Hand die Kapelle. Die Liste der Sehenswürdigkeiten in Rothenburg, dem Inbegriff der Romantik, ist lang. Empfohlen seien die Jakobskirche und der Turmweg entlang der kompletten Stadtmauer (Fundort 40).

40 Galerie der edlen Spender

Die Patentafeln auf dem Wehrgang der Rothenburger Stadtmauer

Türme und Tore, Marktplatz und Rathaus, Plönlein und Jakobskirche: Rothenburg mit seinen verwinkelten Gassen und pittoresken Fachwerkhäusern gilt gemeinhin als die romantische Stadt schlechthin. Doch nicht alles, was ob der Tauber als mittelalterlich ausgegeben wird, stammt tatsächlich aus dem 12. oder 13. Jahrhundert. Denn weite Teile der historischen Altstadt sind eine originalgetreue Rekonstruktion – Architektur im Retro-Design sozusagen.

Am 31. März 1945, wenige Wochen vor Kriegsende, hatten US-Bomber ihre todbringende Fracht über dem weltberühmten Fremdenverkehrsort abgeladen. »Die ganze obere Stadt war ein riesiges Feuermeer«, berichtete ein Augenzeuge. 39 Menschen kamen um, 741 Familien wurden obdachlos. Mehr als 300 Häuser fielen in Schutt und Asche, dutzende von Häusern und zahlreiche andere Baudenkmäler wurden schwer beschädigt. Auch die Stadtmauer wurde über weite Strecken zerstört.

Die baulichen Wunden sind inzwischen vernarbt, die Wiederherstellung der Befestigungsanlage ist ebenfalls längst abgeschlossen. Heutzutage genießen Touristen beim Bummel auf dem Wehrgang rund um die Altstadt die prächtige Aussicht auf die Dachlandschaft. Dabei wird der Blick immer wieder zur Mauerseite hingelenkt.

Dort sind Hunderte von Namen in den Stein eingefügt. Namen von Firmen und von Bürgern, von Einheimischen und Ortsfremden, von Menschen aus Japan und den USA, Australien und Südafrika. Alle haben ihr Scherflein zum Wiederaufbau oder zur Instandsetzung der Stadtumwehrung beigetragen. Zu Ehren der Förderer wurden Gedenksteine in die Mauer des Wehrgangs eingelassen – eine schier endlose Galerie edler Spender.

In den Nachkriegsjahren hatte eine Gruppe engagierter Bürger dazu aufgerufen, Patenschaften für ein Stück Stadtmauer zu übernehmen – zum Preis von 56 Mark pro Meter, umgerechnet also rund 28 Euro. Auch Firmen wurden ermuntert, Aufbauhilfe zu leisten. Zum Dank gab's jeweils eine mindestens briefpapiergroße Tafel mit dem Namen des Gönners, seiner Herkunft und teils auch der Jahresangabe oder der Länge des Mauerstücks in Metern. Weil sich auch viele Touristen und ausländische

Die Patentafeln entlang des Wehrgangs der Stadtmauer.

Freunde Rothenburgs an der Kampagne beteiligten, sind auf dem Wehrgang Steine mit japanischen Schriftzeichen keine Seltenheit.

Inzwischen ist das steinerne Geschichtsbuch beinahe vollgeschrieben. Langsam wird es also eng auf der Freiluft-Galerie. Im Gegensatz zu früher, als es um die Wiederherstellung des rund 3,5 Kilometer langen Mauerrings ging, muss heute viel Geld in dessen Sanierung gesteckt werden. Deshalb spenden Freunde Rothenburgs weiter für die Stadtmauer mit ihren Toren und Türmen. Und das geht so: Nach Überweisung von 1 200 Euro an die Stadt werden Name und Wohnort des Gönners in Stein gemeißelt, anschließend wird die Platte auf dem begehbaren Teil der Umwehrung angebracht. Der Spender erhält davon ein Foto und einen Lageplan mit dem Standort der Tafel, die er jederzeit besichtigen kann.

Finanziert wurde das imposante Bauwerk im Mittelalter übrigens vom sogenannten »Umgeld«, das heute als Getränkesteuer bekannt ist. Trinken für den Schutz der Stadt: Je mehr Wein durch die Kehlen der Bürger und ihrer Gäste floss, umso mehr Geld floss auch in den Bau der Wehrmauer. Angesichts des mächtigen und langen Mauerrings müssen in Rothenburg einst viele durstige und feierfreudige Menschen gelebt haben.

Horst M. Auer

INFOS

Aufgänge zum Wehrgang findet man an vielen Stellen der Stadtmauer, vor allem an den Stadttoren. Von oben bieten sich interessante Blicke in Gassen und auf Dächer. Neben einem Bummel durch die historische Altstadt sollte man sich für einen Besuch des Mahnmals eines Judenpogroms (Fundort 39), der Jakobskirche und des Mittelalterlichen Kriminalmuseums Zeit nehmen.

41 Klagestein gegen Tyrannei
Ein Stück der Berliner Mauer in Ansbach

Eigentlich hat die Stadt, in der Mittelfrankens Regierung sitzt, wenig Grund, sich um eine historische Sehenswürdigkeit zu bemühen. Als eine der ältesten fränkischen Gründungen und als ehemalige markgräfliche Residenz kann Ansbach durchaus mit seinen historischen Pfunden wuchern. Doch die Stadtspitze wollte den Einwohnern offenkundig zu noch mehr Geschichtsbewusstsein verhelfen.

Gegen Kritik von allen Seiten wurde im Herbst 1990 eine ausgefallene Idee verwirklicht: Anlässlich der deutschen Vereinigung erwarb man für damals noch 8 000 DM, umgerechnet gut 4 000 Euro, ein drei Tonnen schweres Originalstück der 43,1 Kilometer langen Mauer, mit der das SED-Regime vom 13. August 1961 bis zum 9. November 1989 West- und Ostberlin getrennt hatte.

Erstanden hat es die Stadt von einer Ostberliner Firma, die den Erlös aus dem Mauerverkauf sozialen Zwecken zukommen lassen wollte. Zwei Mitarbeiter des Ansbacher Bauhofs transportierten das mit bunten Graffiti geschmückte Mauerstück von Berlin in ihre Heimatstadt. Dort wurde es an einem Fußweg aufgestellt, der zur Museumsbrücke über die Rezat führt. Mittlerweile ist das »Schandmal eines entarteten Systems«, 1,20 Meter breit und 3,60 Meter hoch, leicht verstellt worden. Der Bau eines großen Einkaufszentrums erforderte es, das Betonteil zu versetzen.

Abgerissen wurde hingegen im Dezember 1990 ein anderes historisches Zeichen: Das Mauer-Mahnmal mit der Inschrift »Denkt an Berlin!«, das rund drei Jahrzehnte lang beim Bahnhofsplatz gestanden hatte. Plötzlich war es weg. Die Bundesbahn hatte sich in Absprache mit der Stadtverwaltung dazu entschlossen, das anachronistisch gewordene Stück zu entfernen – großes Aufsehen oder eine öffentliche Diskussion sollten vermieden werden. »Keine Anfrage, keine Beschwerde, kein Glückwunsch« erfolgte, wie man damals erleichtert registrierte. Nicht einmal das »Kuratorium Unteilbares Deutschland« bemerkte die Veränderung auf Anhieb.

Die Gegenstimmen zum Mauerkauf von 1990 sind mittlerweile längst verstummt. Heute sind die Bürger der Markgrafenstadt geradezu

Das mit Graffiti verzierte Originalstück der Berliner Mauer wurde 2009 restauriert.

stolz darauf, dass ihre Kommune in Bayern beinahe die einzige war, die diesen Schritt gewagt hat. Als »Klagestein gegen Tyrannei und Unterdrückung« gehört die Mauer inzwischen fest zu Ansbach. Offensichtlich ist es tatsächlich gelungen, mit diesem »Dokument einer 40-jährigen Trennungstragödie der Deutschen« ein historisches Zeichen zu setzen.

Wie es scheint, befinden sich die Ansbacher damit in guter Gesellschaft. Denn nicht nur unzählige Privatleute auf dem ganzen Globus haben sich mit der Trophäe der gewaltfreien Revolution eingedeckt. Auch bedeutende Politiker wie die Ex-US-Präsidenten George Bush und Ronald Reagan haben zugegriffen: Sie stellten ein Stück der Berliner Mauer vor die von ihnen gestifteten Bibliotheken – und der Papst holte sich eins in den Vatikan.

Wohlüberlegt ist vermutlich auch ein ausgefallener Standort in einem Casino-Hotel in Las Vegas: Das Betonsegment steht im Herrenklo, daran angebracht sind die Urinale.

Ursula Kolb

INFOS

Das Originalstück der Berliner Mauer befindet sich an einem Fußweg von der Innenstadt (Höhe Johanniskirche) zum Rezatparkplatz/Brückencenter. Zum 20. Jahrestag des Mauerfalls wurde 2009 die an der früheren Ostseite erklärende Schrift aufgehübscht, die dort 1990 angebracht worden war. Wer in Ansbach auf markgräflichen Spuren wandeln möchte, kann im Schlosspark lustwandeln, die Residenz (Promenade 27, Tel. 09 81/9 53 83 90) besichtigen oder die Geschichte des Fürstentums im Markgrafenmuseum (Kaspar-Hauser-Platz 1, Tel. 09 81/9 77 50 56) nachvollziehen. Im Erdgeschoss des Museums ist die Kaspar-Hauser-Abteilung untergebracht. Ebenfalls interessant ist, was es mit dem Geläut der Ludwigskirche auf sich hat (Fundort 42).

42 Glocken aus Kanonen
Das Geläut der Ludwigskirche in Ansbach

Kriegsherren haben sich aus Mangel an Rohstoffen zu allen Zeiten gerne an Kirchenglocken vergriffen und sie zu Kanonen eingeschmolzen. In Ansbach war es umgekehrt. In der Ludwigskirche rufen seit 1838 vier Glocken mit einer ganz besonderen Geschichte zum Gottesdienst: Sie wurden aus dem Metall türkischer Kanonen hergestellt, welche die Armeen Englands, Frankreichs und Russlands 1827 während der Seeschlacht bei Navarino erbeutet hatten.

Über Turin gelangten die Kanonen nach Nördlingen, wo sie eingeschmolzen wurden. Aus dem so gewonnenen Material wurden dann 1838 vier Glocken gegossen, die heute noch ihren Dienst tun. Da der König von Bayern, Ludwig I., den Bau der katholischen Kirche in Ansbach sehr unterstützt hatte, richtete die Kirchenverwaltung folgende Bitte an den Landesherren: »Allerhöchst dieselben möchten allergnädigst zu befehlen geruhen, auf welche theure Namen aus der innigst geliebten erhabenen königlichen Familie die vier demnächst zu gießenden Glocken ... getauft werden dürfen.«

Und im Antwortschreiben des königlichen Ministeriums steht: »Seine Majestät, der König, geruhten allergnädigst auszusprechen, daß die vier Glocken Maximilian, Otto, Luitpold und Adalbert heißen sollten.« König Ludwig I. ließ also die Glocken nach seinen vier Söhnen benennen – die größte nach dem ältesten, die zweitgrößte nach dem zweitältesten und so weiter.

Die vier Glocken wurden am 25. September 1838 geweiht und noch am selben Tag erklang das neue Geläut, das im F-Akkord gestimmt ist, zum ersten Mal in Ansbach. Die Maximilians-Glocke, die größte, hat einen Durchmesser von 154 Zentimetern und wiegt mehr als 39 Zentner. Neben dem Namen Maximilian ist auf ihr auch der Spruch zu lesen: »So wie der Klang im Ohr vergeht/Der mächtig tönend ihr entschallt/So lehre sie, daß nichts bestehet/Daß alles Irdische verhallt«.

In den Annalen von St. Ludwig ist überliefert, dass während des Gusses der Otto-Glocke ein Gewitter über Nördlingen niederging und dass es ebenfalls blitzte und donnerte, als sie auf den Turm der Ansbacher Kirche gehievt wurde. Die Luitpold-Glocke ist zugleich

Aus türkischen Kanonen wurden die Ansbacher Glocken geschmolzen.

auch die Gebetsglocke der Pfarrei. Die kleinste Glocke, die nach Adalbert benannt ist, ist die Totenglocke. Sie ist »nur« vier Zentner schwer.

Während des Ersten Weltkrieges wurde nie daran gedacht, die Glocken für Kriegszwecke einzuschmelzen, da ja die Wittelsbacher noch regierten und »ihre« Glocken nicht abholen ließen. Während des Zweiten Weltkrieges mussten hingegen die beiden großen Glocken abgegeben werden, sie wurden aber nicht eingeschmolzen. Auf dem großen »Glockenfriedhof« in Hamburg wurden sie nach Kriegsende unversehrt sichergestellt und schon 1946 wieder nach Ansbach gebracht.

Das Geläut von St. Ludwig ist das größte im Zentrum der Bezirkshauptstadt (die beiden evangelischen Hauptkirchen St. Gumbertus und St. Johannis haben jeweils nur drei Glocken in ihren Türmen hängen) und wird von Fachleuten als das klangvollste bezeichnet. Mit einem Gewicht von zusammen 71 Zentnern sind die vier Metallkörper für den Kirchturm eigentlich viel zu schwer. Deshalb sorgt seit 1985 ein Stahlgerüst für Stabilität im Turm.

Alexander Biernoth

INFOS

Die Ludwigskirche am Karlsplatz in Ansbach ist tagsüber geöffnet (bitte den Seiteneingang benutzen). In Ansbach bieten sich Residenz und Markgrafenmuseum für Besuche an. Die Synagoge in der Rosenbadstraße, eine der bedeutendsten original erhaltenen barocken Synagogen in Süddeutschland, ist nur im Rahmen einer Stadtführung oder von Mai bis September jeden 2. und 4. Sonntag im Monat von 15 bis 17 Uhr zu besichtigen. Ein Denkmal der deutsch-deutschen Geschichte ist das Betonstück der Berliner Mauer am Rande der Altstadt (Fundort 41).

43 Liebe bis in den Tod

Der kleine und der große Markmann bei Lehrberg

Es sind zwei leicht mit Moos bewachsene und verwitterte Blasensandsteine, die in Menschengestalt an ein schreckliches Unglück und treue Eheliebe erinnern: Südöstlich des Dorfes Brünst, einem Ortsteil der Marktgemeinde Lehrberg im Landkreis Ansbach, stehen mitten im Wald der große und der kleine »Markmann«, die – glaubt man der Sage – an den Tod eines Ehepaares erinnern.

Der kleine Markmann ist 87 Zentimeter hoch, der große Markmann immerhin 1,33 Meter. Beide Steine befinden sich rund 600 Meter voneinander entfernt in zwei Waldstücken, heute durch die Straße Ansbach–Rügland getrennt.

Dass sie schon mindestens ein halbes Jahrtausend in der Flur stehen, geht aus der ältesten Beschreibung des »Fraischbezirks« hervor, womit der Bereich der hohen oder Blutgerichtsbarkeit des Deutschen Ordens gemeint ist. Komtur Wolfgang von Rosenberg, der von 1534 bis 1539 im nahen Virnsberg residierte, hatte den Zuständigkeitsdistrikt seiner Gerichtsbarkeit eindeutig festlegen lassen. Laut dem Dokument reicht die Fraischgrenze von »... Andorff hinuber bis gein Göteldorff und darnach Wüstendorff auf den stainen markmann und davon uff den anderen stainen markmann. Auf der Straßen hinter Prunst und Palstatt den Grund hinab bis auf die Rezett ...«

Sind die beiden Markmänner als Grenzsteine aufgestellt worden? Oder standen sie bereits und wurden nur als feste Markierungspunkte angegeben? In der Region hat sich eine ebenso tragische wie herzergreifende Geschichte über den Ursprung der Markmänner erhalten.

Eine junge Frau, die aus Weihenzell stammte und nach Lehrberg geheiratet hatte, war an einem grimmig kalten, schneereichen Wintertag zu ihren Eltern in ihr Heimatdorf gegangen. Gegen Abend machte sie sich über Wernsbach in Richtung Brünst auf den Heimweg nach Lehrberg. Ein ungewöhnlich starker Schneesturm verwehte die Wege so arg, dass man nur unter größten Anstrengungen vorwärts kam.

In Lehrberg machte sich der Ehemann angesichts des schlechten Wetters große Sorgen um seine Frau. Er beschloss, ihr entgegenzugehen. Doch dann passierte es. Ihn und seine Frau verließen die Kräfte

Eine herzergreifende Geschichte rankt sich um den Stein.

und beide erfroren im meterhohen Schnee. Bis auf 600 Meter waren sie sich nahe gekommen, doch sie erreichten einander nicht mehr. Genau dort, wo sie zu Tode kamen, hat man zum ewigen Gedenken an dieses Unglück für den Ehemann den großen Markmann und für seine Frau den kleinen Markmann aufgestellt.

Alexander Biernoth

INFOS

Die beiden Markmänner stehen, gut einen halben Kilometer voneinander entfernt und durch die Straße Ansbach–Rügland getrennt, im Wald südöstlich von Lehrberg-Brünst im Kreis Ansbach. Zu finden sind die Steine über einen Waldweg, der von der Straße Ansbach–Rügland kurz vor der Abzweigung Brünst abgeht.

44 Liebe, Stich für Stich
Der Herzensschrein von Rügland

Es zeugt von der Bedeutung eines Menschen, wenn jemand ein biografisches Buch über ihn verfasst. Es gehören aber gewiss ganz besondere Umstände dazu, wenn einem Großen dieser Welt seine Lebensbeschreibung auf vielen kostbaren gestickten Bildern und in einem kunstvoll gefertigten Schrank verewigt wird. Wir wenden uns dem Herzensschrein von Rügland zu und damit einer Geschichte, die von einem »holden Jugendtraum« und von unerfüllter Liebe erzählt.

Ach ja. Es war einmal ... Nein, gehen wir's pragmatisch an. Der Kabinettschrank von Rügland ist in den Augen vieler Fachleute eine ausgesprochene Rarität. Er besitzt zwei Flügeltüren und eine Rückwand und alle Flächen sind mit ausgesprochen hübschen, fantasievollen Illustrationen ausgestattet. Aber nicht mit irgendwelchen Abbildungen. Vielmehr sind es Stickereien, die vom Leben eines Menschen, eines zumindest zu seiner Zeit sehr bekannten Mannes erzählen: Friedrich Krafft Freiherr von Crailsheim.

Er lebte von 1841 bis 1926, stammte aus Ansbach und wirkte ab 1880 als »Staatsminister des bayerischen königlichen Hauses und des Äußeren«. Von 1890 bis 1903 war er sogar Vorsitzender des bayerischen Ministerrats, Ministerpräsident würden wir heute sagen.

Nun weiß der aufgeklärte Mensch von heute sehr gut, dass Politiker nichts lieber tun, als sich ein Denkmal zu setzen. In diesem Sinne könnte man durchaus auch die Existenz des prunkvollen Bilderschranks verstehen. Aber weit gefehlt. Die Liebe war es wohl, die das Schmuckstück entstehen ließ.

Der Adlige hatte nämlich eine Jugendliebe namens Adelheid Wendel-Schratz. Nun stammte diese Frau aber aus bürgerlichem Haus, und so konnten sie nicht zusammenkommen. Beide heirateten andere Partner. In Adelheid jedoch lebte der »holde Jugendtraum« allzeit weiter. Sie verfolgte den Werdegang des von ihr Verehrten intensiv und verewigte jede wichtige Station seines Lebens auf einem gestickten Bild. Jahrelang arbeitete die unglücklich Liebende an ihren Kunstwerken. Wir können nur ahnen, was ihr Ehemann von diesem Hobby hielt.

Jedenfalls entstanden 19 Bilder mit Szenen aus dem Leben des Angebeteten: Sie erzählen beispielsweise von allen Ordensverleihungen,

Der Kabinettschrank verblüfft durch seine fantasievollen Stickereien.

von den Ehrenbürgerschaften vieler Städte, von der Geburt und vom Tod seiner Kinder, von seiner gar abenteuerlichen Nordlandreise per Segelschiff und nicht zuletzt auch von ihrem Besuch bei ihm anno 1896, als des Freiherrn Gattin schon verblichen war.

Zum 60. Geburtstag des Politikers vollendete sie das Gesamtkunstwerk und machte es ihm zum besonderen Geschenk. Samt »Poetischem Commentar«, dem wir folgende Zeilen entnehmen: »Das habe ich alles entworfen, erdacht. Ich habe Dir alles in Farbe gebracht. Und auch was ich fühle, was tief mich bewegt, das hab in mein Werk ich ›Dir‹ niedergelegt! Millionen von Stichen hab ich wohl gemacht und innig bei jedem an ›Dich‹ treu gedacht! So nimm denn, o Freund, die Gabe von mir – das Werk meines Lebens, das widme ich ›Dir‹.«

Ulrich Rach

INFOS

Rügland liegt rund 15 Kilometer nördlich von Ansbach. Das Schloss ist in Privatbesitz derer von Crailsheim. Bei Bedarf sind aber nach Anmeldung bei der Gemeindeverwaltung (Tel. 0 98 28/2 44) Führungen im Schloss und auch eine Besichtigung des Herzensschreins möglich. Auf dem Friedhof liegt der sogenannte Beutetürke Carl Osman begraben (Fundort 45), sehenswert ist auch das Mausoleum der Freiherrn von Crailsheim. Auf einer Anhöhe über dem Rüglander Ortsteil Rosenberg thront die gleichnamige Burgruine.

45 Der Beutetürke
Das Grab von Carl Osman in Rügland

Das Kreuz steht gegenüber der Aussegnungshalle und ist umrankt von üppigem Grün: Geißblatt, Efeu und ein Fliederbusch lassen den Sandstein leuchten und verlocken zum genaueren Hinschauen. Und voll Staunen liest der Betrachter dann auf dem kleinen Friedhof von Rügland im Kreis Ansbach, dass hier ein Türke begraben liegt, der 1688 vor Belgrad gefangen genommen, 1727 in Rügland getauft und dort 1735 im Alter von 80 Jahren gestorben ist.

Diese letzte Ruhestätte ist in Franken einzigartig. Sie dokumentiert eine Epoche, in der es Muslime in gar nicht so geringer Zahl nach Deutschland verschlagen hat. Vor allem zwischen 1685 und 1695, als die kaiserlichen Truppen nach der Befreiung Wiens von den Türken 1683 ihre größten Siege feierten, galt es als geradezu »modisch-superb«, einen gefangen genommenen Ungläubigen mitzubringen, einen »Beutetürken«. Er war Beweisstück, Trophäe und Souvenir zugleich.

In Deutschland huldigten vor allem die Adeligen diesem Brauch. Und ihre Mitbringsel aus der Ferne – unter ihnen auch Frauen und Kinder – mussten sich nicht nur in Städten, sondern auch in Dörfern zurechtfinden. Dort gab es freilich keinen Moment, »in dem ein solch vereinzelter Fremdling nicht als Außenseiter auffällig sein musste«, wie Hartmut Heller, Professor für Volkskunde, schrieb.

Heller beschäftigt sich seit Langem mit den türkisch-osmanischen Einflüssen in der Region. Seine Forschungen haben gezeigt, dass es ein Franken als abgeschlossene Insel nie gegeben hat, genauso wenig wie dies in anderen Regionen in Deutschland der Fall war. »Das Bodenständige ist vermischt mit der großen weiten Welt.«

Die Lebensgeschichte von Carl Osman, dessen Grab die Gemeinde Rügland liebevoll pflegt, ist ein Musterbeispiel dafür. Dank des Kirchenbuchs von Rügland und seiner Taufpredigt ist sie gut belegt. Der Türke wurde 1655 in Konstantinopel geboren, dem heutigen Istanbul, und durfte das Barbierhandwerk erlernen. Mit 27 Jahren musste er als Soldat in den Krieg nach Wien ziehen. 1688 geriet er in Belgrad in die Gefangenschaft des Franken Albrecht von Crailsheim, der dort unter dem Kommando des Bayreuther Markgrafen Christian Ernst im frän-

Als Kriegsbeute wurde Carl Osman nach Franken verschleppt.

kischen Kontingent kämpfte. Und wie es bei denen von Crailsheim damals üblich war, nahm Albrecht seine Kriegsbeute mit nach Hause und verleibte Osman dem Gesinde auf Schloss Rügland ein.

Das Besondere an dem Neuzugang: Er verharrte in »seinem Unglauben«. Während das Gros der Muselmaninnen und Muselmanen, die nach Deutschland verschleppt worden waren, etwa zwei bis drei Jahre nach der Ankunft den christlichen Glauben annahm, ließ sich Osman reichlich Zeit mit diesem Schritt. Erst mit 72 Jahren rang er sich dazu durch, und um die Ernsthaftigkeit seiner Absicht zu unterstreichen, machte er der Kirche nun Geschenke. Taufpate war der sogenannte »Wilde Markgraf«, Carl Wilhelm Friedrich von Brandenburg-Ansbach.

In Kirchenbüchern und anderen Quellen sind für ganz Deutschland annähernd 500 »Beutetürken« nachgewiesen worden, gut zwei Dutzend allein im Raum Nürnberg-Erlangen. Der Übertritt zum Luthertum oder zum Katholizismus war der Schlüssel zur Gesellschaft. Als äußeres Zeichen der Aufnahme erhielt der Moslem einen christlichen Namen. »Das Taufwasser wusch gewissermaßen das Anderssein des moslemischen Türken ab, der ›verdammte Heide‹ wurde zur Schwester, zum Bruder in Christo«, erläuterte Hartmut Heller. Um 1700 dachte das Volk noch »überwiegend in religiösen, nicht in nationalen Kategorien«.

Carl Osman zeichnete sich übrigens nicht nur durch ungewöhnliche Standhaftigkeit aus, er muss auch ein Schlitzohr gewesen sein. In seinem Testament verfügte der 80-Jährige, dass jeder, der zu seiner Beerdigung käme, als Spende einen »guten Batzen« erhalten sollte. Das entsprach damals 50 Pfennigen. Eine Maß Bier wiederum war für drei Pfennige zu haben. Osmans Lockangebot fand regen Zuspruch. 924 Leute gaben ihm die letzte Ehre. So viele Trauergäste hat Rügland nie zuvor und nie danach gesehen.

Ursula Kolb

INFOS

Es ist nicht schwierig, das Grab von Carl Osman auf dem Friedhof von Rügland (rund zwölf Kilometer nördlich von Ansbach) zu finden. Der Friedhof liegt, wenn man sich der Gemeinde auf der Staatsstraße aus Richtung Ansbach nähert, in der Nähe des Sportplatzes am Ortseingang. Im Schloss von Rügland wird der Herzensschrein aufbewahrt, hinter dem eine anrührende Geschichte steckt (Fundort 44).

46 Wie aus einem Guss
Die Brücke am Blauen Schloss von Obernzenn

Im Dezember 1741 beschloss der damalige Schlossherr von Obernzenn, Christoph Ludwig Freiherr von Seckendorff, an seiner Brücke zum Blauen Schloss ein Geländer anbringen zu lassen. Der Übergang führt über den trockengelegten Wassergraben zum Schlossgarten und ist heute ein technikgeschichtliches Denkmal von hohem Rang.

Bei der Auftragsvergabe für das Meisterwerk hatte der Adlige genaue Angaben gemacht und bestimmt, dass jede Brückenseite 83 Nürnberger Fuß lang sein sollte. Er nannte Anzahl und Größe der Einzelteile und fügte der Bestellung ein Muster halbrunder Stangen aus Holz bei. Weil die Stangen in der Hammerschmiede nicht – wie gewünscht – rund geschmiedet werden konnten, wurde vorgeschlagen, das Brückengeländer zum selben Preis aus Guss herzustellen, da das für das Auge »noch schöner ausfalle«. Außerdem sei die Konstruktion wesentlich leichter, wenn man sie aus Gusseisen fertige.

Der Freiherr wünschte sein Wappen und seinen Namen in regelmäßigen Abständen auf den Längsplatten. Oben und unten sollte durchbrochenes Laubwerk das Geländer zieren. Diese Platten waren nach einer Zeichnung zu gießen.

Dabei gab es offenbar Übermittlungsprobleme. Am 1. Februar 1742 schrieb der im Raum Koblenz ansässige Fabrikant nach Obernzenn, dass der mit dem Schneiden der Wappenform beauftragte Bildhauer die übersandte Zeichnung als Wappen mit Herzen angesehen habe. Die Beschreibung des Wappens wies die sieben vermeintlichen Herzen jedoch als Blätter eines Lindenzweiges aus. Deshalb erbat man sich für den Bildhauer eine größere Separatzeichnung des Wappens.

Schließlich waren alle Hürden überwunden. Seckendorff, Geheimrat und markgräflicher Minister, erhielt 171 »Pallustres« und 141 Gusseisenstäbe, in Stroh verpackt, geliefert. Ein Gespann mit acht Zugpferden brachte die Ladung nach Obernzenn.

Für die Fracht hatte der Bauherr 190 Gulden und 15 Kreuzer zu zahlen, die Handwerker erhielten für den Aufbau 92 Gulden. Insgesamt kostete die Brücke rund 296 Gulden, wie aus Unterlagen im Seckendorff'schen Archiv hervorgeht.

In den Schlossgarten führt die über 250 Jahre alte Gusseisenbrücke.

Der Überweg vom Blauen Schloss in den Garten gilt mittlerweile als älteste Gusseisenbrücke Mittelfrankens. Vor einigen Jahren wurde sie durch den heutigen Schlossherrn, Rainer Graf von Seckendorff-Aberdar, vollständig saniert.

Hartmut Schötz

INFOS

Führungen im Blauen Schloss werden von Mai bis Oktober jeden 1. und 3. Sonntag im Monat jeweils um 14 Uhr angeboten. Gruppen, Vereine und Schulklassen können das Baudenkmal auch unter der Woche nach vorheriger Anmeldung über den Markt Obernzenn unter Tel. 0 98 44/9 79 90 oder direkt im Blauen Schloss unter Tel. 0 98 44/97 84 75 besichtigen. Im Schloss zu sehen sind die Repräsentationsräume mit ihren erlesenen Stukkaturen, der Festsaal und das eindrucksvolle blaue Treppenhaus. Kunsthistorisch bedeutend ist der Bildersaal mit den zahlreichen in die Wand eingelassenen Familienporträts aus dem 17. und 18. Jahrhundert. Auf Wunsch sind während der Führungen auch die Parkanlagen zugänglich.

47 Gemalter Protest

Das Abendmahlsbild von Ohrenbach

Das Abendmahlsbild von Ohrenbach (Kreis Ansbach) verdient besondere Beachtung. Denn das Gemälde will nicht recht in die kirchliche Umgebung seiner Zeit passen. Womöglich wollten die Stifter – in der Inschrift als J. P. Lang und B. Langin aus dem benachbarten Oberscheckenbach bezeichnet – mit der Abendmahlsszene eine Botschaft vermitteln.

Das Werk entstand um 1750 und diente zunächst als Altarbild. Nach dem Abbruch des Altars hing es wohl an der Wand in der Kirche. 1817 erfolgte eine Zweitverwendung als Epitaph oder Gedächtnistafel für die beiden Stifter.

Damals war es in Franken nicht mehr üblich, dass die Geistlichen bei der Abendmahlsfeier weiße Chorhemden trugen. Das Ende für solche liturgischen Gewänder war 1792 mit dem Übergang der Markgrafschaft Ansbach an Preußen gekommen. Die neuen Regenten waren evangelisch-reformiert, also calvinistisch, und hatten kein Verständnis für lutherische Kirchenbräuche.

Mitunter gingen die neuen Herren recht resolut gegen »papistische Überreste« vor, wandten sich vehement gegen Altäre, Kerzen, Kruzifixe – und Chorhemden. So beschwerte sich 1796 der Pfarrer von Regelsbach bei Schwabach bitter über die »preußische Occupation«, die ihn zwang, Chorhemd und Messgewand abzuliefern. Und im Inventar der Gotteshaus-Jahresrechnung von 1798 der Pfarrei Ergersheim bei Bad Windsheim findet man den Eintrag: »3 Chorhemden. Sind den 12ten Juny zum K. Preußischen Hochlöbl. Justiz-Amte (Uffenheim) abgegeben worden«. Offizielle Begründung für den Einzug der Chorhemden waren die angeblich zu hohen Kosten für das Waschen. 1810 folgte ein erneutes Verbot der liturgischen Kleidung durch einen bayerischen Konsistorialerlass. Von einer Rückkehr zu den lutherischen Bräuchen wollte der bayerische König nichts wissen.

Vor diesem Hintergrund ist wohl die Aufstellung des Ohrenbacher Abendmahlsbildes 1817 zu sehen, das all das zeigt, was der Obrigkeit ein Dorn im Auge sein musste: Altar, Kerzen, Kruzifix – und weiße Chorhemden. Wollten die Dorfbewohner damit ihren Protest gegen

Das Ohrenbacher Bild wird als stummes Aufbegehren gedeutet.

die Machthaber zum Ausdruck bringen? So gesehen wäre das Gemälde ein stummes Aufbegehren gegen die Obrigkeit und die frühere »preußische Occupation«.

Helmut Schatz

INFOS

Ohrenbach liegt zwischen Rothenburg und Uffenheim. Die Johanniskirche ist von April bis Oktober in der Regel tagsüber geöffnet. Falls geschlossen ist, hilft das Pfarramt (Haus Nr. 13, Tel. 0 98 65/5 50) gerne weiter. Das unweit gelegene Rothenburg ist immer einen Besuch wert, nicht zuletzt wegen der Gedenksäule im Burggarten (Fundort 39) und der Patentafeln der Stadtmauer (Fundort 40).

48 Dem Besten der Fürsten
Der Alexanderbrunnen von Pfaffenhofen

Der letzte Markgraf von Ansbach-Bayreuth gilt unter Historikern als ein Mensch voller Widersprüche. Launenhaft soll Christian Friedrich Carl Alexander (1736–1806) gewesen sein. Und ein heuchlerischer Despot, der erst 2 200 seiner Soldaten als Hilfstruppen im nordamerikanischen Unabhängigkeitskrieg an die britische Krone verkaufte und dann sein ganzes Land an Preußen verschacherte. Auf der anderen Seite wird er als gebildeter und moderner Regent charakterisiert, der seine Verwaltung und seine Finanzen ordnete.

Alexander war unglücklich mit der kränkelnden Friederike Caroline verheiratet, die Ehe war kinderlos geblieben. Nach zwölf Regierungsjahren in Ansbach fiel ihm 1769 auch das Fürstentum Bayreuth zu, weil Markgraf Friedrich Christian gestorben war, ohne Nachkommen zu hinterlassen.

1791 war ein denkwürdiges Jahr: Im Februar starb Alexanders Ehefrau, im Mai verließ der Fürst Ansbach sozusagen durch die Hintertür. Zusammen mit seiner Geliebten Elisabeth Craven, die er Monate später heiratete, setzte er sich in Richtung England ab.

Den Untertanen wurde der Herrschaftswechsel erst Anfang 1792 offiziell mitgeteilt: Gegen eine jährliche Leibrente von 300 000 Gulden hatte der Markgraf seine beiden fränkischen Fürstentümer der preußischen Krone übereignet. Der Übergang an das Königreich war mit den Berliner Vettern des Hauses Hohenzollern schon seit Langem vorbereitet für den Fall, dass es in Franken keine männlichen Erben geben sollte.

Trotz seines wenig ruhmvollen Abgangs hat sich Alexander um die beiden gut verwalteten Fürstentümer durchaus verdient gemacht. Zu den Leistungen während seiner Regierungszeit zählt beispielsweise der Neubau der Straße von Ansbach in Richtung Würzburg. Vom Bau dieses Verkehrswegs wird eine Begebenheit erzählt, die durch den Alexanderbrunnen historisch bezeugt ist.

Pfaffenhofen liegt einige Kilometer nördlich von Burgbernheim. Beim Straßenbau in Höhe des Dorfes unterlief den markgräflichen Arbeitern ein Missgeschick: Sie schütteten dem Wirt des ortsansässigen

Mit dem Alexanderbrunnen setzte sich der Markgraf ein Denkmal.

Gasthauses bei Erdbewegungen versehentlich den Brunnen zu. Ein schwerwiegender Unfall, denn mit der Schenke war auch eine Brauerei verbunden, die auf das Wasser dringend angewiesen war.

Der Gastwirt beschwerte sich am fürstlichen Hof und bekam Hilfe zugesichert. Alexander ordnete den Bau eines neuen Brunnens in Pfaffenhofen an. Es sollte nicht irgendein Brunnen werden, sondern einer in Gestalt eines pompösen Denkmals. Denn der Landesherr wollte, dass der Nachwelt seine hochherzige Tat nachhaltig in Erinnerung blieb. Der kunstvolle Wasserspender steht immer noch, etwas abseits der heutigen B 13, neben dem Gasthof im Ort.

Der Alexanderbrunnen hat ein Becken aus Muschelkalkstein. Das eigentliche Denkmal besteht aus einem trapezförmigen Aufbau, auf dem ein von Deckelvasen flankierter Obelisk thront. Die Inschrift lautet: »Dem Besten der Fürsten/Alexander/half dem hiesigen Mangel/an lebendigem Wasser/Im Jahre 1783«. Darüber prangen das Wappen der Hohenzollern und ein lorbeerbekränztes Reliefbildnis des Markgrafen.

Eine Kugel als Symbol für die Einheit des Herrschers mit seinem Volk krönt den Obelisken. Mit dieser Einheit sollte es – siehe oben – nur wenige Jahre später abrupt zu Ende gehen. Der offenbar regierungsmüde Fürst wird 1790 sogar mit dem Ausruf zitiert: »In diesem verfluchten Land will ich doch nicht begraben sein!«

Alexanders Wunsch ging in Erfüllung. Nach seinem Tod am 5. Januar 1806 wurde der letzte Markgraf von Ansbach-Bayreuth in seiner Wahlheimat beigesetzt, in der kleinen Kirche von Behan in der englischen Grafschaft Berkshire.

Horst M. Auer

INFOS

Der in den letzten Jahren sanierte Alexanderbrunnen steht neben der Gastwirtschaft in Pfaffenhofen an der B 13 einige Kilometer nördlich von Burgbernheim. In einer anderen Erklärung seiner Entstehung heißt es, dass die Quellen der Gemeinde aufgrund einer großen Trockenheit 1783 versiegt waren und der Fürst deshalb der Ortschaft einen Brunnen spendierte. Noch ein Denkmal erinnert an den Markgrafen und seinen Straßenbau: Alexanders Obelisk in der Nähe von Gnodstadt (Fundort 50).

49 Rätselhafter Rundbau
Das Feldhüterhäuschen nahe Uffenheim

Vor den Toren Uffenheims steht ein Bauwerk aus großen Sandsteinquadern, das einem kleinen Rundturm ähnelt und in der Region einmalig sein dürfte: ein sogenanntes Feldhüterhäuschen. Seine ursprüngliche Bestimmung kann nur noch vermutet werden, denn in den Archiven finden sich keine Pläne oder Aufzeichnungen über dieses Unikum.

Das zylinderförmige Häuschen ist keine drei Meter hoch und verfügt über ein flaches Kegeldach aus Stein. Neben einer Eingangstür hat es drei kleine Fenster und im Innern eine Kerzennische. Erbaut wurde es wohl in der Zeit um 1800. Im Jahr 1998 eckte der Rundbau an und musste einem Supermarkt weichen. Das Baudenkmal wurde sorgfältig abgetragen und knapp zwei Kilometer entfernt wieder errichtet. Die strategisch günstige Lage des alten Standorts auf einer Anhöhe legt es nahe, das Türmchen mit einer Wachfunktion in Verbindung zu bringen.

Tatsächlich ist in Zedlers Lexikon von 1735 über Feldhüter nachzulesen: »Feldhüter sind so vor die Sicherheit und Beschützung derer Feldfrüchte, sonderlich zur Erndte-Zeiten vor den Anlauf und der Rapacität derer Armen, besorgt. Werden auch Feld- oder Fluhren-Schützen genannt.« Im Fränkischen ist die Bezeichnung »Fluhrer« oder »Flurschütz« geläufig. Es ist also anzunehmen, dass es einst – von Bauern oder der Gemeinde beauftragte – Personen gab, deren Aufgabe es war, Begehrlichkeiten abzuwehren und Diebstähle reifer Feldfrüchte zu verhindern.

Heimatkundler haben noch weitere Erklärungen für die einstige Nutzung des schlichten, rätselhaften Rundbaus: Kuhhirten oder Schäfer könnten darin vor schlechtem Wetter oder der Sonne Schutz gesucht haben. Möglicherweise wurde darin aber auch der Sprengstoff für die Steinbrüche der Umgebung gelagert.

In besonderem Licht erscheint das kuriose Türmchen im *Handbuch für Kunstdenkmäler* von Georg Dehio aus dem Jahr 1979. Darin heißt es: »Feldhüterhäuschen (an der Straße nach Ansbach), 18. Jh, kreisrund, sorgfältig gefugte Hausteinquader mit flachem Kegeldach, genetisch interessant als einfaches Beispiel für die Tendenzen der Revolutionsarchitektur.«

Revolutionsarchitektur? Das kann sich nur auf die Architekturbewegung im späten 18. Jahrhundert beziehen, die sich durch das Bestre-

Nicht völlig geklärt ist die ursprüngliche Funktion des Türmchens.

ben nach völlig neuen, eben »revolutionären« Formen der Baukunst auszeichnete. Im Mittelpunkt standen elementare, von strenger Nüchternheit und meist auch Schmucklosigkeit gekennzeichnete Entwürfe. Geometrische Körper wie Würfel, Kugel und Zylinder bildeten die Grundformen. Das würde auf das Uffenheimer Feldhüterhäuschen zutreffen. Dennoch mutet es ein wenig sonderbar an, weshalb ausgerechnet in diesem abgelegenene Teil Frankens ein Vertreter dieser architektonischen Stilrichtung zu finden sein soll.

Helmut Schatz

INFOS

Das Feldhüterhäuschen befindet sich an der Straße nach Welbhausen, rund einen halben Kilometer hinter dem Ortsrand. Lust auf Uffenheim? Der Arbeitskreis Stadtführer bietet von April bis Oktober jeden ersten Sonntag im Monat Führungen durch die historische Altstadt an. Treffpunkt ist um 14 Uhr am Schlossplatz, eine Anmeldung ist nicht erforderlich.

50 Stein des Anstoßes

Der markgräfliche Obelisk neben der Bundesstraße 13

Für die einen war er schon immer ein Stein des Anstoßes, für die anderen ein wichtiges Monument fränkischer Geschichte: Lange Zeit stand der Obelisk beharrlich mitten auf der Bundesstraße 13 zwischen Uffenheim und Ochsenfurt und der Autoverkehr führte in zwei getrennten Fahrbahnen um ihn herum. Ursprünglich befand sich neben der Mautpyramide ein Zollhaus. Auch ohne den spektakulären Standort im Verkehrsfluss war die sogenannte »Markgrafensäule« einer der auffälligsten Grenzsteine weit und breit. Markierte sie früher die Grenze zwischen dem Fürstbistum Würzburg und der Ansbacher Markgrafschaft, so steht sie heute an der Nahtstelle zwischen Mittel- und Unterfranken.

Bauherr des Denkmals war Christian Friedrich Carl Alexander, der letzte Markgraf von Ansbach-Bayreuth. Um die Wirtschaftskraft seines Kleinstaats zu fördern, ließ er von 1766 bis 1773 eine Chaussee von Ansbach bis Oberickelsheim bauen, »die erste neuzeitliche Straße«, wie es in den Annalen heißt. Als Schlusspunkt setzte er 1773 besagten Obelisken, auf dem sich »der beste Fürst und Herr« durch eine Inschrift auch selbst ein bisschen ehren ließ. Und auf dem er vermerkte, dass er das moderne Straßenbauprojekt »nicht mit den Steuern der Untertanen, sondern mit eigenem Geld« finanziert hatte.

Etwa neun Meter hoch ist das steinerne Kunstwerk. Einst thronte auf der Kugel über der Spitze der preußische Adler, ein schwarzes Tier mit vergoldeten Fängen und vergoldetem Schnabel. Kein Mensch vermag heute mehr zu sagen, wohin der Vogel verschwunden ist. Warum er den Obelisken nicht mehr ziert, das wissen die Geschichtskenner allerdings.

Der bayerische König Ludwig I. war wohl Auslöser für den Denkmalfrevel. Er pflegte seinen Sommerurlaub oft in Bad Brückenau zu verbringen, wo er sich gelegentlich auch mit Lola Montez verlustiert haben soll. Auf dem Weg von München zu diesem Kurort musste er stets an der markgräflichen Säule vorbei. 24-mal soll er im Lauf der Jahre diesen Platz passiert haben. Ein mitfühlender und diensteifriger königlich-bayerischer Beamter, der Uffenheimer Landrichter Boveri, konnte wohl nicht mit ansehen, wie sein König immer wieder unter

Der Obelisk wurde 2012 neben der viel befahrenen B 13 wieder aufgebaut. Das rechte Bild zeigt ihn noch als Insel im Verkehrsfluss.

den Schwingen des preußischen Wappenvogels hindurchmusste. Also erteilte der Staatsdiener den Befehl, den Adler zu entfernen, damit seinem Herrscher der Anblick des fremden Hoheitszeichens erspart blieb, »das ihn stets daran gemahnen musste, dass dieses Gebiet von Napoleons Gnaden seinem Lande einverleibt wurde«, wie es in einem Geschichtsbuch heißt.

In den Jahren nach dem Zweiten Weltkrieg machte das Denkmal vor allem dadurch von sich reden, dass es im wahrsten Sinne des Wortes zu einem »Stein des Anstoßes« wurde: Es ereigneten sich dort mehrfach schwere Unfälle. Deshalb gab es jahrelang Diskussionen um die Frage, ob das Monument nicht an die Seite der Straße gerückt werden sollte. Nach der Wiedervereinigung regte Tassilo Freiherr von Falkenhausen, einer der letzten Nachfahren der fränkischen Hohenzollern, sogar an, den preußischen Adler als Sinnbild für die historischen Verbindungen zwischen Mittelfranken und dem neuen Bundesland Brandenburg wieder auf die Spitze zu setzen. Doch die Idee von der Wiedergeburt des Vogels fand weder bei Historikern noch bei Politikern und schon gar nicht bei den Denkmalschützern Widerhall.

Fakten schuf am 3. Dezember 2010 ein 40-Tonner: Der Lastwagen schleuderte gegen die Pyramide und beschädigte sie schwer. Aus Gründen der Verkehrssicherheit wurde das Denkmal nicht mehr am alten Standort, sondern rund 20 Meter neben der Bundesstraße wieder aufgebaut und im November 2012 eingeweiht.

Ulrich Rach

INFOS

Die Markgrafensäule befindet sich auf der B13 in der Nähe von Gnodstadt, einem Ortsteil von Marktbreit im Landkreis Kitzingen. In Gnodstadt sind zahlreiche historische Hausfassaden aus einem Sandstein gebaut, der heute noch in einem Steinbruch am Rand des Ortes gebrochen wird. Marktbreit hat viele Sehenswürdigkeiten, etwa das Renaissance-Rathaus, das Seinsheimsche Schloss und die teilweise mit Wohnhäusern bebaute Stadtmauer mit ihren Wehrtürmen. Ein weiteres Denkmal, das an den Markgrafen erinnert, ist der Alexanderbrunnen in Pfaffenhofen (Fundort 48).

51 Losglück am Osing
Die Landvergabe für vier Dörfer nach uralter Sitte

Auf einem flachen Höhenrücken über dem Ehegrund steht ein Gedenkstein, auf dem vier eigenartige Zeichen und die Namen der vier umliegenden Dörfer eingraviert sind: Herbolzheim, Humprechtsau, Krautostheim und Rüdisbronn. »Freimarkung Osing« ist darüber zu lesen, der Flurname für ein außermärkisches Gebiet, das in seiner Art möglicherweise in ganz Europa ohne Beispiel ist. Auf dem Osing wird nämlich die Tradition einer Landverteilung gepflegt, die ihre Wurzeln im frühen Mittelalter hat.

Nur alle zehn Jahre kommt es zu einer Neuauflage: Jeweils im Herbst, wenn die Felder abgeerntet sind, spielt sich auf dem Osing das Ereignis ab, das eine Mischung aus fröhlichem Volksfest und ernstem Ritual darstellt. Vor den Augen der Rechtler und einer großen Schar Schaulustiger wird das rund 274 Hektar umfassende Ackerland auf der Hochfläche im Norden von Bad Windsheim neu verlost.

Immer in Jahren mit einer »4« am Ende findet diese Landvergabe nach alter Sitte statt. Aus dem Jahr 1465 stammt der erste urkundliche Nachweis für die Freimarkung. Die besondere Ausprägung einer urbäuerlichen Selbstverwaltung ist aber vermutlich einige Jahrhunderte älter. In nahezu unveränderter Form hat der Brauch alle Wirrnisse und Kriege, Gebietsreformen und die tiefgreifenden Umwälzungen in der Landwirtschaft überlebt.

Um die Aufteilung bewerben sich im Zehn-Jahres-Turnus 162 Landwirte (Rechtler) aus den vier Osing-Dörfern. Die überlieferten Regeln sind überaus kompliziert, haben mit seltenen Maßeinheiten, geheimnisvollen Zeichen auf Würfeln, mit Losnummern und Zinnhülsen zu tun. Selbst beim Umzug über die Felder folgen die einzelnen Abordnungen einem festgelegten Schema.

Eine Hauptrolle bei der Prozedur spielen Kinder, die schulfrei bekommen haben und per Losentscheid festlegen, welche Fläche ein Bauer für ein weiteres Jahrzehnt bewirtschaften darf. Für ihre mehr oder weniger glückliche Hand erhalten die Buben und Mädchen ein spärliches bis üppiges Trinkgeld, je nachdem. Mittags ab zwölf Uhr setzt ein reger Tauschhandel mit den zugesprochenen Feldern ein, um dem Losglück ein wenig nachzuhelfen.

Ein Stein erinnert auf dem Osing an den alten Brauch der Landvergabe.

Die Bauern sind stolz auf die uralte Tradition. Ausdruck ihres Selbstbewusstseins ist der Gedenkstein auf der Hochfläche, der an die Verlosung von 1994 erinnert. Daneben informiert ein Fachwerkhäuschen mit Schautafeln und Fotos über das »lebendige Denkmal der Kulturgeschichte«. In Herbolzheim wartet im Vereinshaus, dem alten Schulhaus, ein kleines Museum mit zusätzlichen Informationen über die Freimarkung und über die seltene Flora und Fauna dieses einmaligen Kulturdenkmals auf. Wer will, erfährt dort die Sage von der Entstehung des Osing:

Vor langer Zeit soll sich Schlossherrin Kunigunde auf der damals noch dicht bewaldeten Hochfläche verirrt haben. Als sich der Tag dem Ende zuneigte und aus der Ferne das Heulen der Wölfe zu hören war, da kniete die Gräfin nieder und betete um ihre Errettung. Plötzlich erklang von vier Seiten das Abendläuten und die Glocken leiteten Kunigunde nach Hause. Zum Dank verschenkte sie das Land mit dem Wald an die vier Dörfer. Alle zehn Jahre sollten die Anteile gewechselt werden, um Vorzüge und Nachteile auszugleichen. Und dieser Brauch hat sich gehalten bis auf den heutigen Tag.

Horst M. Auer

INFOS

Das Info-Häuschen zum Osing befindet sich an der Straße Humprechtsau–Krautostheim. Das kleine Museum in der alten Schule in Herbolzheim kann nur nach Anmeldung besichtigt werden, und zwar unter Tel. 0 98 42/29 78 (Georg Rudolph). Der Herbolzheimer ist auch Ansprechpartner für fachkundige Wanderungen auf der Freimarkung. Dort findet immer am dritten Sonntag im August das Osing-Fest statt. Die Osing-Verlosung wird seit Jahrhunderten in allen Jahren, die mit einer »4« enden, auf der Hochfläche im Rahmen einer dreitägigen Feier durchgeführt.

52 »Fleischlich vermischet«
Die Wendeltreppe des Alten Schlosses in Neustadt/Aisch

Ist das Alte Schloss in Neustadt/Aisch tatsächlich erst um 1430 errichtet worden? Die exakte Bauzeit ist eines der Rätsel, die das Wasserschloss noch heute aufgibt. Gelüftet wurde erst in jüngerer Zeit das jahrhundertelang gehütete Geheimnis einer verhängnisvollen Liaison hinter den wehrhaften Mauern. Ein Geheimnis, in dessen Mittelpunkt eine vor Jahren wiederentdeckte Wendeltreppe steht.

Ein Luftzug durch Mauerrisse hatte bei Sanierungsarbeiten im östlichen Teil des Schlosses einen Hohlraum vermuten lassen. Sogleich war das Interesse der Fachleute geweckt. Wolfgang Mück, Exbürgermeister und Historiker, brach mit Fäustel und Meißel eigenhändig einige Steine aus der Mauer. Was sich dann im Lichtkegel eines kleinen Scheinwerfers offenbarte, übertraf alle Erwartungen: Das Licht fiel auf eine Wendeltreppe aus Sandstein.

Mück erinnerte sich sofort an die Protokolle einer Affäre, die in unmittelbarem Zusammenhang mit diesem Aufgang stehen mochte. Denn unter einer Treppe soll der Treffpunkt von Gräfin Viktoria Charlotte und ihrem Liebhaber, dem Lakaien Johann Rebscher, gewesen sein. War nach 261 Jahren der Ort sündiger Begegnungen entdeckt worden? Hatte Markgraf Friedrich Christian den Schauplatz der delikaten Angelegenheit zumauern lassen, um ihn für immer zu versiegeln? Fragen, die zunächst nicht schlüssig zu beantworten waren.

Fest steht, dass eine »Rebscher-Affäre« dokumentiert ist. Es ist die Geschichte einer ungewöhnlichen Liebschaft, die nach dem Bekenntnis des damals 23-jährigen Rebscher 1739 damit begonnen habe, dass sich die Gräfin von ihm ein Glas Bier bringen ließ und ihn mit zwei Küssen überraschte. Einige Wochen später habe die Gräfin den Lakaien unter einem Vorwand unter die Wendeltreppe gebeten, wo sie »den Rock aufgehoben, er sich aber ebenfalls entblößet und sich also mit ihr fleischlich vermischet« habe.

In der Folgezeit kam es unter der Treppe zu weiteren Intimitäten zwischen dem ungleichen Paar, wie der zum Liebhaber erkorene Domestik später bei Verhören gestand. Die Geschichte vom Seitensprung der Gräfin wurde ruchbar, ehe darüber der Mantel des Schweigens ge-

Unter der Treppe hat sich die Gräfin mit dem Lakaien eingelassen.

hüllt werden konnte. Rebscher wurde verhaftet und immer wieder zu den »abscheulichen und unbegreiflichen Verfehlungen« vernommen. Die Ehe wurde geschieden.

Hatten Jähzorn und Tätlichkeiten Friedrich Christians die junge Gemahlin in die Arme des Geliebten getrieben? Sollte diese dem Fürsten schon vor der Rebscher-Affäre Grund zur Eifersucht gegeben haben? Die »Gemüthsbeschaffenheit« des Regenten sei für sie unerträglich geworden, wird Viktoria Charlotte zitiert. Sie sei sich ihres Lebens nicht sicher gewesen, »inmaßen er jederzeit Pistolen und Degen beym Ehebett liegen« gehabt habe.

Für die Gräfin und ihren Liebhaber endete das Techtelmechtel jedenfalls tragisch. Die junge Frau musste unter unwürdigen Umständen

den Fürstenhof verlassen, fand auch im Elternhaus keine liebevolle Aufnahme und fristete ihr Leben schließlich bei Geschwistern. Johann Rebscher büßte bitter für die Episode sündiger Lust unter der Wendeltreppe: Er wartete über 20 Jahre im Gefängnis vergebens auf Begnadigung.

Harald Munzinger

INFOS

Über Besichtigungsmöglichkeiten im Alten Schloss von Neustadt/Aisch informiert das Verkehrsamt der Stadt (Tel. 0 91 61/6 66 13). Neustadt hat malerische Gassen und Winkel sowie eine zum guten Teil erhaltene Stadtbefestigung vorzuweisen. Schlag 12 Uhr beginnt der Geißbock auf dem Turm des barocken Rathauses meckernd seine Runden zu drehen (Fundort 53). Seit dem Jahr 2008 wirbt Neustadt mit einer bundesweit einmaligen Einrichtung, dem Aischgründer Karpfenmuseum.

53 Gemeckert wird um zwölf
Der Geißbock auf dem Rathaus von Neustadt/Aisch

Man begegnet ihm in allen nur denkbaren Ausführungen und Materialien, sogar beim Konditor als Verzierung auf der Torte – dem Geißbock, Symboltier im Wappen von Neustadt/Aisch. Jedes Kind kann dem Besucher der Kreisstadt Auskunft über die Sage geben, die der Bock verkörpert, schließlich ist sie alljährlich abschließender Höhepunkt des Kirchweihreigens der Schüler auf dem Marktplatz.

Dort, wo das Meckern täglich Punkt 12 Uhr ertönt und die Blicke zum Rathaustürmchen lenkt, auf dem der legendäre Retter der Stadt seine Runde dreht. Beinahe hätte dem kurzen »historischen Schauspiel« das letzte Stündchen geschlagen, wäre nicht schon vor Jahren durch Zufall bei Sanierungsarbeiten am Turm festgestellt worden, dass der Zahn der Zeit dem etwa 1,10 Meter langen und rund 90 Zentimeter hohen Bock aus Eichenholz arg zugesetzt hatte. Unter der rissigen »Haut« waren die »inneren Verletzungen« schon so stark, dass der rettende Eingriff des Restaurators gerade noch rechtzeitig kam.

Nachdem auch der Kunstmaler Hand angelegt und dem bislang pechschwarzen Bock ein freundlicheres Aussehen verliehen hat, sieht man von den eichenen Implantaten nichts mehr, und nun dreht er wieder seine Runden um den Rathausturm und erinnert jeden Tag an die sagenhafte Rettung der Stadt vor den Baiern, die sie 1461 belagerten und auszuhungern gedachten.

Doch ein findiger Schneider sollte den Feind narren, indem er in ein Geißbockfell schlüpfte und munter auf der Stadtmauer umherhüpfte. Dadurch wurden reichliche Vorräte in der Stadt vorgetäuscht, was die Baiern resigniert abziehen ließ.

Und so singen es die Kinder nun jedes Jahr zum historischen Geißbocktanz auf dem Marktplatzpflaster: »Nicht auszuhungern ist die Stadt, meck, meck/wenn sie noch so viele Geißböck hat, meck, meck!/sprach da der Feind mit trübem Sinn/und zog nach Süden weiter hin.« So hat es Rudolf Thorwart gedichtet. Der Bock auf dem Rathausdach zeugt nach seinen Reimen von »Mut und Tatenruhm«.

Der findet sich in ähnlicher Form in vielen Stadtgeschichten. Wie etwa in jener von Salzburg, welches auch von grimmigen Feinden

Auf dem Rathausturm dreht der Retter der Stadt seine Runden.

belagert wurde. Als schon nahezu alles zu Verdauende verdaut war, kam man auf die rettende Idee, den einzigen noch lebenden Stier immer wieder anders anzumalen und dann auf die Stadtmauer zu schieben. Wer noch so viel verschiedenes Rindvieh habe, werde bis zum Sankt-Nimmerleins-Tag nicht aufgeben, meinte – so getäuscht – der Feldherr der Belagerer und ließ zum Abrücken blasen.

Sagen sind zum Bestandteil der Stadtgeschichte geworden, haben Symbolfiguren entstehen lassen – wie den Salzburger Stier oder den Neustädter Geißbock. Der wird nun auch noch weitere Generationen mit seinem Meckern erfreuen, nachdem der Retter der Stadt gerettet wurde.

Harald Munzinger

INFOS

Der Geißbock dreht täglich um 12 Uhr auf dem Rathaus von Neustadt/Aisch seine Runde. Die Kirchweih beginnt immer zwei Wochen nach Pfingsten und dauert von Samstag bis zum darauffolgenden Sonntag. Jeweils am Kirchweih-Dienstag treffen sich die Schulkinder zum Geißbocktanz auf dem Marktplatz. Informationen (auch über Stadtführungen) unter Tel. 0 91 61/6 66 13. Eine delikate Geschichte bietet die Wendeltreppe im Alten Schloss (Fundort 52).

54 Schatz der Mönche
Die Kirchenbibliothek von Neustadt/Aisch

Frühjahr 1525. In Franken herrscht Aufruhr. Aufgebrachte Bauern haben ihre Pflugscharen gegen Schwerter und Knüppel eingetauscht, bestürmen die Herrschaftssitze. Freiheit wollen sie, die Abschaffung der Leibeigenschaft, eine Minderung ihrer Lasten, ein menschenwürdiges Leben. Es kommt zu blutigen Kämpfen.

Viele Schlösser rund um Neustadt an der Aisch brennen, auch die Klöster Münchsteinach und Birkenfeld stehen in Flammen. Angst geht um unter den Mönchen des 1458 gegründeten Franziskanerklosters in Riedfeld vor den Toren der heutigen Kreisstadt.

Die fünf letzten im Kloster gebliebenen Brüder beschließen in jenem blutigen Frühjahr, nach Würzburg zu fliehen. Zuvor bringen sie ihren kostbarsten Besitz, die Klosterbibliothek, in Sicherheit. Ein weiser Entschluss, denn wenig später brennt die Riedfelder Abtei bis auf die Grundmauern nieder.

Die Mönche karren ihre Schriften ins sogenannte »Receptaculum« der Stadtpfarrkirche, einen hohen, aber recht kleinen, einer altertümlichen Studierstube ähnelnden Raum über der Sakristei, der damals nur über eine Außentreppe zugänglich ist. In dieser Kammer lagern die literarischen Schätze noch heute. Denn der Wiederaufbau des Klosters von Riedfeld scheitert. Und wie durch eine Kette von Wundern bleibt die Bibliothek in den vielen noch folgenden Kriegen unversehrt.

Zunächst verstauben die Bücher jahrzehntelang unbeachtet. Erst unter Neustadts erstem Dekan Georg Leutner, der 1565 sein Amt antritt, werden Neuanschaffungen getätigt, eine Bibliotheksordnung erstellt und die Sammlung der Öffentlichkeit zugänglich gemacht.

Um über 1 000 Bände wächst sie während der Amtszeit des fünften Dekans, Johann Landes, zwischen 1612 und 1626. Als ihr größter Förderer gilt indes Georg Matthias Schnizzer. Der 1805 verstorbene Enkel des Stadtchronisten investiert viel Zeit und eigenes Geld. Bald ist die Stube zu klein, Teile des Bestands werden ausgelagert.

Die Bibliothek beherbergt jede Menge geistlicher Schriften, aber auch Werke aus der Geschichte, Medizin, Philosophie, den Rechts- und Naturwissenschaften – rund 10 000 sollen es insgesamt sein. Das

Die Bibliothek ähnelt sehr einer Studierstube.

älteste Buch trägt die Jahreszahl 1476, die älteste Handschrift, ein Papyrus-Fragment, stammt aus dem 9. Jahrhundert.

Bedeutendste Publikation ist wohl eine Ausgabe der Schedelschen *Weltchronik* von 1493. Originalbriefe Luthers gehören zum Bestand, ebenso die erste hebräische Grammatik, die in Druck ging. Werke von Thomas von Aquin, Philipp Melanchthon, Thomas Morus, Erasmus von Rotterdam und anderen Geistesgrößen verleihen der Kirchenbibliothek einen unschätzbaren Wert und internationalen Rang.

Harald Weigand

INFOS

Ausgewählte Exponate der Kirchenbibliothek werden gelegentlich bei Ausstellungen gezeigt. Ansonsten wird die kostbare Sammlung nur in Ausnahmefällen Fachleuten für wissenschaftliche Zwecke zugänglich gemacht. Anfragen an das Dekanat in Neustadt/Aisch (Tel. 0 91 61/88 76 10).

55 Es geht um die Wurst
Das Wurstmännlein von Geiselwind

Der Dreißigjährige Krieg hat weite Landstriche Deutschlands entvölkert und verwüstet. Noch lange Zeit hallten die Ereignisse, die zwischen 1618 und 1648 auch in der Region eine Blut- und Brandspur hinterlassen haben, in Geschichtsschreibung und Sagen, in Volksglaube und Literatur nach.

Mancherorts griffen legendenhaft überzeichnete Volksschauspiele lokale Geschehnisse jener gewalttätigen Epoche auf. Die publikumswirksamsten Beispiele in Mittelfranken sind der Rothenburger Meistertrunk und die Dinkelsbühler Kinderzeche. Stoff für diese beiden berühmten Historienspiele lieferten angebliche Heldentaten zur Rettung der jeweiligen Stadt vor feindlichen Truppen.

In Rothenburg bewahrte Altbürgermeister Nusch im Jahr 1631 mit einem langen Zug aus einem riesigen Weinhumpen die Tauberstadt vor der Vernichtung durch Tillys Heer. Und in Dinkelsbühl war es die »Kinderlore«, die 1632 mit dem Zug der Buben und Mädchen das Herz des siegreichen schwedischen Oberst erweichte und ihn dazu brachte, von Brandschatzung und Plünderung abzulassen. Weniger bekannt ist eine kurios anmutende Begebenheit, die sich in Geiselwind im Steigerwald zugetragen haben soll. Nach der Legende hat auch dort den Bürgern ein spektakuläres Ereignis aus großer Bedrängnis geholfen. Der Beistand in schier auswegloser Lage kam unverhofft und in ungewöhnlicher Gestalt.

Wiederum waren es die Schweden, die im Dreißigjährigen Krieg die Ortschaft belagert und dabei kurz vor der Eroberung gestanden haben sollen. Dreimal ließ der General die Bürger zur Übergabe auffordern und seine Soldaten bedrohlich nahe an die Mauern heranrücken. Da unternahm eine Abordnung aus Geiselwind den letzten Versuch, das Unheil abzuwenden, und begab sich zu Verhandlungen ins feindliche Lager.

Doch die Belagerer zeigten keine Anzeichen von Gnade. Der General, der in seinem Zelt gerade Brotzeit machte, wies die Bürger schroff ab. »Nun, so wolle uns Gott helfen, dass ihr nicht in unsere Mauern kommt!«, rief daraufhin einer der Männer aus. Der Schwede entgeg-

Eine Katze hat dem schwedischen General behänd die Wurst entrissen.

nete kalt: »So sicher wie ich diese Wurst esse, so sicher werde ich Geiselwind erobern.« In diesem Augenblick sprang eine große Katze dem Militär auf die Schulter, schnappte sich die Wurst und lief davon. Tief betroffen von diesem Zeichen, brachen die Schweden die Belagerung auf der Stelle ab.

In einer abgewandelten Version der Geschichte kehrten die Abgesandten in den Ort zurück, erzählten den Vorfall und weckten dadurch neuen Mut unter den Verteidigern. Tapfer kämpfend sollen sie den Feind zurückgeschlagen haben. Bis dieser endlich aufgab und abzog.

Ob sich die Geschichte wirklich so zugetragen hat oder nicht, ist für die Geiselwinder einerlei. Sie würdigten die Episode mit einem Denkmal, das am Rande des Marktplatzes steht. Die Figur zeigt den Befehlshaber der feindlichen Truppen im Gerangel mit der Katze um die Wurst. Auf dem Sockel ist zu lesen: »Murrmann, schwedischer General, historisches Denkmal aus dem 30-jährigen Krieg.« Als »Wurstmännlein von Geiselwind« ist die Statue zu einem Wahrzeichen der Gemeinde geworden.

Horst M. Auer

INFOS

Geiselwind liegt direkt an der Autobahn A 3 Nürnberg–Würzburg. Das Denkmal steht am Rand des Marktplatzes. Bekannt ist die Stadt vor allem durch ihren Vergnügungspark »Freizeit-Land Geiselwind«. Auf einer Wiese am Waldrand oberhalb des Dorfes Füttersee, einem Ortsteil von Geiselwind, steht mit einer 600 bis 800 Jahre alten Kaisereiche einer der ältesten Laubbäume Deutschlands.

Veranstaltungskalender

1. Wochenende im Mai	Walberlafest
Zwei Wochen nach Pfingsten	Kirchweih in Neustadt/Aisch
1. Sonntag im Juli	Kirschenkerwa in Kalchreuth
	Irrhainfest bei Kraftshof
Im Juli (Sonntag vor Jacobi)	Kirchweih Arzlohe
3. Sonntag im Juli	Wasserturmfest in Tauchersreuth
3. Sonntag im August	Osingfest mit Schauverlosung (echte Osingverlosung alle zehn Jahre in Jahren mit der Endziffer 4)
1. Wochenende im September	Trachtenmarkt in Greding
Anfang/Mitte September	Tag des offenen Denkmals
2. Sonntag im September	Tillyfest in Breitenbrunn
21. Dezember (Thomastag)	Waldweihnacht Arzlohe
Heiligabend	Christmette auf Burg Hohenstein

Bildnachweis

Copyright © by:
Horst M. Auer (Text-Nr. 3, 11, 13, 15), Franz Barthel (Text-Nr. 19), Kerstin Bienert (Text-Nr. 23), Alexander Biernoth (Text-Nr. 42), Bürgermeisteramt Rot am See (Text-Nr. 38), Sabrina Decker (Text-Nr. 1)
Christine Dierenbach, Stadt Nürnberg (Text-Nr. 17),
Bernhard Eder (Text-Nr. 34),
Gernot Frühwald, Bauamt Neustadt/Aisch (Text-Nr. 52),
Günter Gardill (Text-Nr. 16), Gemeinde Pommelsbrunn (Text-Nr. 8),
Gemeinde Rügland (Text-Nr. 44, 45),
Ralf Gerlach (Text-Nr. 14), Gerlinde Grüner, Markt Allersberg (Text-Nr. 25),
Familie Kauschinger (Text-Nr. 7), Eduard Knoll (Text-Nr. 37),
Kommunale Allianz Drei-Franken-Eck, Stefanie Rauh (Text-Nr. 55),
Herbert Liedel (Text-Nr. 5, 32), Bernhard Lies, Ebermannstadt (Text-Nr. 2),
Markt Feucht (Text-Nr. 22),
Markt Lehrberg (Text-Nr. 43),
Müller-Mück, Uffenheim (Text-Nr. 47), Hans Recknagel (Text-Nr. 21),
Andreas Riedel (Text-Nr. 53, 54),
Christine Riel und Pfarramt Dinkelsbühl (Text-Nr. 27),
Rothenburg Tourismus Service, A. Böttger (Text-Nr. 39, 40),
Helmut Schatz (Text-Nr. 48), Edith Schoeneck (Text-Nr. 46),
Matthias Schulz, Werbegrafik Schulz (Text-Nr. 30),
Werner Schwab (Text-Nr. 49, 50), Yehuda Shenef (Text-Nr. 18),
Stadtarchiv Lauf, Frank Boxler (Text-Nr. 20),
Stadt Ansbach (Text-Nr. 41), Stadt Berching, Erich Spahn (Text-Nr. 26),
Stadt Greding, Andreas Hub (Text-Nr. 29), Jörg Staude (Text-Nr. 24),
Bernhard Stöckelhuber (Text-Nr. 33), Johannes Strauß (Text-Nr. 28),
Susanne Thurn (Text-Nr. 10), Tourist-Information Marktbreit (Text-Nr. 50),
Verein der Freunde Triesdorf (Text-Nr. 35),
Verein zur Osingdokumentation (Text-Nr. 51),
Wiedl Restaurierung, Nürnberg (Text-Nr. 36),
Sabine Wiesent (Text-Nr. 6)
Wikimedia Commons (gemeinfrei) (Text-Nr. 9, 31),
Wikimedia Commons (olga.navratilova, Wikimedia Commons, lizenziert unter CreativeCommons-Lizenz by cc-by-sa-3.0) (Text-Nr. 12),
Frhr. von Wintzingerodesche Burgverwaltung Pottenstein (Text-Nr. 4)

Register

Z

Reisen durch die Zeit

▷ Wo soll Attila der Hunnenkönig bestattet sein, und wo taufte der heilige Gumbertus bekehrte Heiden? Wo wurde ein Haus ohne Dach errichtet, und wie konnte eine Frau jahrelang als Soldat in der Habsburger Armee dienen? Wieso heißt die Fuchsie Fuchsie, und was hat der Müller Thomas Schmalz mit abgehauenen Nasen zu tun? *Fundort Geschichte Franken* hat diese und andere verschwiegene und geheimnisvolle Sehenswürdigkeiten aufgespürt, mit denen sich kuriose, zuweilen auch makabere Begebenheiten verbinden.

- 50 unterhaltsame Geschichten mit Geschichte
- Viele Freizeittipps für spannende Ausflüge in die Vergangenheit
- Alle wichtigen Infos zu Anfahrt und Öffnungszeiten im handlichen Format

Fundort Geschichte Franken
Klappenbroschur, 164 S.
ISBN 978-3-86913-491-8

ars vivendi